读心为上

大学生心理急救非结构化访谈

向咏 黄郁 主编

四川大学出版社
SICHUAN UNIVERSITY PRESS

图书在版编目（CIP）数据

读心为上：大学生心理急救非结构化访谈 / 向咏，
黄郁主编 . -- 成都：四川大学出版社，2024. 9.
ISBN 978-7-5690-7279-2

Ⅰ．G444

中国国家版本馆 CIP 数据核字第 2024Z8B697 号

书　　名：读心为上：大学生心理急救非结构化访谈
　　　　　Du Xin wei Shang：Daxuesheng Xinli Jijiu Feijiegouhua
　　　　　Fangtan
主　　编：向　咏　黄　郁

选题策划：张宇琛
责任编辑：张宇琛
责任校对：毛张琳
装帧设计：墨创文化
责任印制：李金兰

出版发行：四川大学出版社有限责任公司
　　　　　地址：成都市一环路南一段 24 号（610065）
　　　　　电话：（028）85408311（发行部）、85400276（总编室）
　　　　　电子邮箱：scupress@vip.163.com
　　　　　网址：https://press.scu.edu.cn
印前制作：四川胜翔数码印务设计有限公司
印刷装订：四川省平轩印务有限公司

成品尺寸：145 mm×210 mm
印　　张：9.75
字　　数：226 千字

扫码获取数字资源

版　　次：2024 年 9 月 第 1 版
印　　次：2024 年 9 月 第 1 次印刷
定　　价：65.00 元

四川大学出版社
微信公众号

目 录
CONTENTS

疾病篇之不同家庭结构下的心理问题

非结构化访谈攻略

疾病篇之常见心理问题

　　通过分析辅导员转介至心理健康教育中心的个案可以发现，一般而言，人们对常见心理问题的认识并不充分，且因专业而异展现出显著的差异。在发现学生可能存在心理问题时，大部分辅导员会选择先耐心细致地了解清楚学生的基本情况，比如父母是否知晓、是否服药、是否愿意接受心理咨询服务等，也有少部分辅导员在发现问题后，能及时和心理健康中心联络，主动了解进一步的处理方法。不管是哪一种处理方式，稳住学生的情绪都是首要的。所以了解一些常见心理疾病的症状，能帮助辅导员在非结构化访谈中收到更好的效果。

第一章　抑郁症

案例

　　自述：晚上无法睡觉，每晚最多只能睡2～3小时，还是断断续续的，回学校以后情况更糟。因为担心自己存在睡眠问题，所以在一个医生姐姐的建议下前来咨询。

　　我：是否还有其他方面的不适呢？

　　A：因为我对自己要求很高，如果没有达到预期设定的目标我就会打自己，有时候还会用头去撞桌子，打骂自己。

　　我：一般怎样才会停止对自己的伤害呢？

　　A：就是身体已经明显感觉很痛了就会停止。

　　我：你睡不着是从什么时候开始的？

　　A：之前就只是偶尔睡不着，会持续几天，这次有一个多月了吧。

　　我：你来学校后从什么时候开始明显感觉自己的情况变差了呢？

A：来学校的第二天开始……可能就是自己一个人在家呆的时间长了吧，爸妈在D市，我在M市的家里，中途陪过婆婆爷爷一段时间，其间婆婆还跟我说：我也陪不了你多久了。（此时学生情绪比较激动，哭泣）

我：你是婆婆爷爷带大的吗？

A：是的。我小时候爸爸在当兵，后来他又去开货车了，我们交流一直比较少，我和妈妈从今年四月份到现在只见过两次。（咨询时已经接近12月份）

我：感觉你整个假期过得有点孤单？

A：很不开心，但是我不敢说，因为他们很忙，怕他们操心，他们知道我吃不下饭都很操心。他们说（批评）我说多了，我又会很烦，有一次我就一直用手机敲桌子，后来手机都坏了。我也不会跟朋友说，怕他们受到影响。

我：你会经常吃不下饭吗？

A：嗯，饮食就是不好，从四月份开始（跟其确认是不是母亲上次离开的时间，确定是）就吃不下东西，中午从食堂打回来的饭最多吃三口就不想吃了。

我：体重下滑明显吗？

A：瘦了差不多二十斤吧。

我：现在有没有什么感兴趣的事情呢？

A：就是对什么都没兴趣，总是机械性地完成工作，为了去完成这个事情而去做。但我经常都会有什么都不想做的想法。

我：你很为别人着想，有想过怎么让自己开心起来吗？

A：不知道如何才能开心，其实我也很想让自己开心，但是太难了。

我：你感觉情绪低落在什么时候最明显呢？

A：凌晨三、四点，只要到了这个时间我内心就会很焦躁，感觉各种东西控制不住地在大脑中闪过，我特别不喜欢这种感觉，所以睡不着我也会哭，而且会哭很久，感觉对整个世界都很绝望。

我：感到绝望的是？

我：我觉得自己睡不着，精神就会很差，经常上课时候都觉得特别疲惫，也学不进去什么知识，老师布置的作业我也完成不好。

我：你介意我把情况跟你的父母讲吗？

A：我妈妈因为生我得了内风湿，每天都在吃药，我觉得告诉他们太麻烦他们了，只要他们是开心的就行。

我：妈妈吃药并不是你造成的。

A：我觉得父母已经很不容易了，还要花精力担心我，我真的很自责，我希望自己能做好所有事，他们开心就行。

我：为什么你会觉得告诉他们你的情况，他们只会不开心，而不是关心呢？

A：我怕他们会离开我。

> 我：那至少让我们先尝试一下，先从亲近的人开始好吗？老师去跟父母先沟通，让父母先踏出这一步，好吗？
>
> A：好吧。

症状诊断：重性抑郁障碍

1. 自述抑郁心境持续两年以上，每天大部分时间都存在抑郁心境，患者从高三和母亲分开以后开始出现抑郁情绪，至今仍存在。

2. 兴趣和愉悦感明显减退：存在明显的兴趣丧失。

3. 食欲改变。

4. 睡眠紊乱：存在严重的睡眠障碍。

5. 精神运动性激越：晚上三、四点以后感觉内心焦躁，思维奔逸。

6. 疲劳或者精力下降：由于晚上无法正常入睡，第二天身心疲惫。

7. 无价值或者内疚感：将母亲患风湿归因于自己。

第一节　抑郁症的成因

一、生理因素

（一）神经系统

大脑神经递质无羟色胺的缺乏或代谢障碍，导致乙酰胆碱等化学物质的浓度提高，从而引发抑郁症。

（二）睡眠障碍

长期的失眠会导致精神萎靡，认知活动衰退，易诱发抑郁症；同时抑郁症也会引发睡眠障碍，两者间存在交互影响。

（三）身体疾病

抑郁症与许多身体疾病之间存在双向关系。特别是一些重大疾病，如癌症、糖尿病、中风、阿尔兹海默症等很可能增加患抑郁症的风险。据统计，慢性疾病患者出现抑郁症的概率高达三分之一。

（四）家族遗传

抑郁症具有一定的家族遗传倾向。如果家族中有抑郁症患者，其他家庭成员患抑郁症的风险会增加。其中，一级亲属（父母、子女、兄弟姐妹）中有抑郁症患者的人群，其患抑郁症的概率可能是普通人群的2~4倍。同卵双胞胎中一方患抑郁症，另一方患抑郁症的概率比异卵双胞胎更大，这显示出遗传因素在抑郁症发病中的重要性。

二、环境因素

（一）自然环境

抑郁症中有一种常见的变异类型——季节情感抑郁，患者的抑郁情绪在冬季更严重，这是受到大脑中的松果体影响，松果体可以分泌褪黑素，褪黑素的分泌可以抑制人体的新陈代谢，让人处于昏昏欲睡的状态，但松果体对阳光很敏感，当受到光照刺激时，可以有效抑制褪黑素的分泌，所以春天回暖后，患者状态会相对好转。

（二）社会环境

社会发展速度过快导致生活节奏紧张、负性事件频发、无形压力增大、特殊事件的刺激等都是诱发抑郁症的重要因素。研究表明，抑郁症在父母离异、分居或童年期有父母去世的既往史个体中更为常见，这可能与单亲丧失后，个体获得的温暖、照顾和关心也随之减少有关。此外，性虐待和任何形式的虐待经历都会增加个体出现抑郁症的风险性（Humphreys，LeMoult&Wear，2020）。

三、心理因素

童年的成长经历、自身性格养成对抑郁症的形成都有直接影响，比如个体很早就学会不去关注自己的情感和需求，善于照顾别人且对自我要求较高，易对别人投射出较高的期望，进而导致他们对爱、安全感的不满足以及对可能面临的某种丧失产生恐惧。抑郁症与其他心理疾病的共病性很高（Kupfer&Frank，2003），其中包括场所恐惧、社交障碍、社交焦虑、广泛性焦虑障碍等，因此在考虑心理因素时，不可忽视对共病的关注。

四、家庭及人格特质

（一）成长经历

家庭养育所造成的创伤性成长经历对学生心理健康有着重要影响，通过临床积累发现，以下养育创伤对青少年抑郁症的影响较为显著。

1. 留守经历

早期父母外出打工，交由家中老人照顾或寄宿他人家中，由于缺乏父母的照顾和陪伴，个体早年易形成自卑内向的人格底色。

2. 被忽视经历

多子女家庭中，父母迫于生计，往往缺乏对孩子的关注。

3. 重男轻女经历

对女性的轻视和对男性的重视产生鲜明对比，影响个体对自我的评价。

4. 家庭暴力经历

家庭成员间的暴力行为易对孩子产生消极影响。有研究也证实，家庭暴力对孩子在校内出现暴力行为具有直接的指向性（谭德琴，丁菀，宋省成，吴伟，蔺秀云，2025）。

5. 精神暴力

父母将过度的期望和自身压力转介至孩子身上，通过冷暴力或语言刺激等方式产生影响。

6. 被霸凌经历

在学校遭受孤立或暴力行为的伤害，未及时通过合理有效的方式宣泄。

7. 贫困经历

家庭经济贫困导致物质匮乏，易影响自我价值感，进而导致个体易产生自我否定感和不匹配感。

（二）人格特质

1. 依恋关系缺失

留守和寄宿经历易导致安全感缺失，和父母的依恋关系脆弱，建立关系过程中容易投射出婴儿期的依恋缺失状态，亲密关系中担心被抛弃，患得患失。

2. 自我价值感虚无

在家庭中不受父母关注，并不断接收父母的负面评价，开始否定自我价值和自身所具备的优秀品质，认为自己并不是父母期望中的孩子，为了取悦父母，甚至压抑自我的需求。

3. 自我要求高

自身缺乏安全感，性格比较敏感，喜欢讨好别人，善于照顾别人的感受，对他人的期望值较高，从而表现出对自己也存在较高要求。

（三）性别差异

研究表明，重度抑郁障碍的终身患病率达到16.9%，而其中女性的患病率为24.2%，男性患病率为14.2%，女性的终身患病率是男性的2倍（Parker&Brotchie，2010）。其中，女性患者中自杀未遂的比例也比男性高，而真正自杀的比例男性要比女性更高，其中一个原因是，男性更倾向于采用致命的方式结束生命，例如上吊、跳楼或用枪等。

而女性患病率高于男性可能与人际关系的冲突有关，重度抑郁障碍多见于18~44岁年龄段的人群，这一年龄段正处于社交生活比较活跃的阶段。其中，分居者、离异者、近期守寡者的自杀风险要高一些，而单身及已婚自杀的风险要低一些；独居、城市居住者自杀风险比同居、农村居住者要高。由此可见人际关系对于个人身心发展的重要性，而女性人际关系对于情感需求更高，有婚姻关系冲突的女性患病的风险性会大大增加，且破碎、离异家庭孩子患抑郁症的风险性也会增加，这可能与婚姻冲突发生后，母亲状态的改变有关。

第二节　抑郁症的评估

据世界卫生组织披露，全球抑郁症患者已超过3.5亿，通过估算，我国抑郁症患者人数超9500万。其中，学生群体的发病率在23.8%。世界卫生组织也曾提出：有1/4的中国大学生承认有过抑郁症状。

一、抑郁症的症状表现

抑郁症的症状表现遵循三低、三无、三自规律。

（一）三低症状

表现为情绪低落、思维迟缓、意志活动减退，其中主要以情绪低落为基本症状。

（二）三无症状

无望：表现为患者对当前和未来生活都已经失去信心和希望，甚至产生绝望感。无助：表现为患者感到自己孤立无援，尽管周围的人都给予关心和帮助。无价值：表现为患者对自身价值的否定，感到自己的存在无论对自己、家庭还是社会都没有任何的价值。

（三）三自症状

自责：表现为患者过分责备自己，埋怨自己、甚至夸大自己错误和缺点。自罪：表现为患者毫无根据地坚信自己有某种罪恶活动的情况，甚至认为自己是罪大恶极的，应该要受到相应的惩罚，由此出现了自虐和自伤的行为。自杀：表现为患者具有有意识地、以结束自己生命为目的的行为，其最终结果是导致当事人死亡。

二、抑郁症患者的特点

（一）存在自杀观念和行为

患者表现出明显的焦虑情绪，对生活失去信心，对周围环境充满悲观，对人生绝望，总能感受到悲伤、空虚和无望，反复出现自杀的想法，或某种自杀企图，甚至有某种实施自杀的特定计划。

（二）情绪低落

患者表现出郁郁寡欢、无精打采的状态，对学习、工作和生活都失去信心，对未来充满强烈的绝望感，并出现回避亲友的行为，度日如年。

（三）兴趣降低

患者丧失工作和生活的主动性，对任何事情都不感兴趣，活动力减退，不知该做什么、能做什么，使自己处于孤立无援的境地。

（四）反应迟缓

患者在与人交谈的过程中，反应迟缓，说话低言细语且简短，出现明显的精神运动性迟滞、疲惫和精神不足。

（五）生物学症状

患者会伴有显著的睡眠障碍和食欲的下降或增长、精神萎靡及其他躯体不适。

三、抑郁症患者危险性评估

危险性的评估是抑郁症诊断中非常重要的一环，也是一直以来的学术热点和难题，危险性主要针对自杀、自伤和伤人行为几点展开。具体来讲，包含伤害自身身体健康或对他人具有潜在威胁，如绝食、生活无法自理、言语攻击、冲动性、毁坏物品等。在国际上，针对危险性评估的标准一直存在争论，辅导员在对学生行为进行危险性评估时，应避免出现"过宽"或"过严"的情况，一定要根据具体情况妥善处理。

以下评估属于医疗定义，但不属于诊断范畴，不一定由精神科医师进行评估，经过培训的人员也可以按标准要求对患者进行评估，是患者分类干预、分级管理的重要指标依据。危险性评估不是一成不变的，会受到患者病情的变化影响，只能反映一定时间段内患者的危险性，在随访管理过程中需要持续动态观察，每次随访应对患者进行危险性评估〔《国家基本公共卫生服务规范（2018年版）》和《重性精神疾病管理治疗规范（2018年版）》〕。危险性评估分为6级：

☆ 0级：无符合以下1~5级中的任何行为。

☆ 1级：口头威胁，喊叫，但没有打砸行为。

☆ 2级：打砸行为，局限在家里，针对财物。能被劝说制止。

☆ 3级：明显打砸行为，不分场合，针对财物。不能接受劝说而停止。

☆ 4级：持续打砸行为，不分场合，针对财物或人，不接受劝说而停止。包括自伤、自杀。

☆ 5级：持械针对人的任何暴力行为，或者纵火、爆炸等行为。无论在家里还是公共场合。

　　值得注意的时，上述标准不仅针对抑郁症，应对各类心理问题的危险性评估都依然有效，但面对学校的特殊环境，并结合《中华人民共和国精神卫生法》相关要求，对于在访谈中存在自伤、自杀风险的，仍需及时联系家长等协同处理。

实战演练

案例

　　　小爱父母在其7岁时离异，父亲在离异后抑郁症爆发，母亲离异不久后再婚，并与继父育有一女，父母都疏于对小爱的关心和照顾。小爱在大一时曾在医院被确诊为中度抑郁症，有服药史，谈及过往经历时，表达出强烈的无价值感和无意义感，有结束生命的想法。

　　　观察发现，小爱与人交流的方式非常简单和机械。其自述从小没人教过她如何待人接物，会以身边朋友或者电视剧里人物的行为作为自己为人处世的参照，与室友关系紧张，害怕处理两性关系，害怕结婚，大一和大二期间同时与几个人网恋，但对他们都是既需要又想逃离，需要对方作为自己情感的支撑，但同时又感受到与他们之间的话题太过无趣且暴露。认为世界对自己非常不公平，大家都不喜欢自己，但同时也会认为自己不配拥有别人的喜欢，所以当有人赞美自己时，小爱会认为他们别有用心。

小爱认为自己一直在追寻一个东西，但并不知道那是什么，同时又隐隐觉得自己得不到那个东西，因此经常感受到失落和绝望。

案例分析

1. 小爱由于从小与母亲分离，内心安全感极为缺失，自我同一性的安全感较低，自尊心脆弱，习惯于自我贬低，与别人发生冲突时总觉得是自己有问题。

2. 对人的信任度比较低，缺乏对自己和他人的感知，身边几乎没有特别信得过的朋友，对于自己、朋友、同学的评价都缺乏客观性和准确性，自我认知也多以贬低为主，偶尔会认为自己是一个不错的人，但是无法具体到自己到底好在什么地方。缺乏安全感，会因为生活中一点小冲突就引发情绪低落。亲密关系一般，渴望与他人拥有稳定的关系，但同时又排斥与异性建立相对稳定持久的亲密关系。

3. 小爱面对外部刺激的适应性较差，多采用低级或初级自我防御机制，喜欢采用"否认"和"自我分裂"来实现自我防御。

4. 小爱整体的认知能力较弱，面对冲突缺乏对事件客观性的评判，心理化程度较低，易体验到痛苦和矛盾感，但是除了自责和迷茫以外，也仍无所适从，对他人内心的想法有很强的主观性。

综上所述，辅导员在观察评估后，应运用积极倾听的技巧和共情的方式与小爱建立信任关系；并帮助小爱重新构建社会支持网络，在日常生活学习中增加对小爱的关心和帮助，鼓励她多和朋友、家人沟通交流；同时关注小爱的认知重构，引导小爱识别自己的负面思维模式，鼓励小爱使用积极的自我对话来替代消极的想法，帮助小爱提升自尊水平。

第二章　焦虑症

　　A在6个月前与相处很久的男友分手了，对方突然提了分手，并开始和一个学妹交往。分手后不久，A开始为实习和实习中犯错的可能性感到痛苦。她感到异常的紧张和疲惫，难以集中注意力，并开始担心未来就业的问题。她开始反复从同学和母亲那里寻求安慰，似乎没有人能帮助她，她总担心背负太多的负担。

　　评估的前3个月，A开始避免夜间出寝室，害怕一些不好的事情会发生而自己无法求救。最近，她开始白天也不愿意出门，走出校门购物时，她也会体验到"暴露和脆弱感"。她想到了可以通过叫外卖来解决自己吃饭的问题后，这样描述道："这很可笑，说实话，我总觉得走到校门口就会发生一些可怕的事情，且没有人能够帮助我，所以我选择不要踏出校门。"回到家后，她觉得自己很轻松，并能享受一本书或者一部电影。

　　A谈到在上幼儿园期间，只要母亲把她放下车，她就会哭得很厉害。在她10岁时，父母离异，她从来不喜欢独自一个人，16岁以后，她身边一直有交往的男朋友（有时会同时交往多个男友）。她解释道："我讨厌单身，我一直很漂亮，所以从来没有单身多久。"直到最近一次分手，她依然觉得自己很好，她在实习中获得了成功，每天慢跑，有固定的朋友圈子，没有真正值得抱怨的事情。

在最初的访谈中，A说男友离开后，她伤心、难过了几周，但是没有感到无价值感、内疚、无望、快感缺乏，或者有自杀的想法。她的体重没有变化，睡眠很好。她否认存在精神运动性变化，但感到了严重的焦虑，她的贝克焦虑量表得分为28，提示她有严重的焦虑情绪。

案例分析

在与男友分手的6个月里，A变得急躁、容易疲劳、有严重的焦虑、难以集中注意力。她的焦虑导致了她的痛苦和功能损害，使得她不断地寻求安慰。尽管这些症状可以是抑郁障碍的表现，但她缺乏重性抑郁障碍的其他症状，反而符合DSM-5中广泛性焦虑障碍（GAD）的诊断。更严重的是，A在离开学校和前往购物时，会感到严重的焦虑。这些表现提示，A符合DSM-5中广场恐惧症的诊断，即须在至少2个情境中出现恐惧和回避。她的广场恐惧症状仅持续了几个月，短于DSM-5中要求的6个月。不管临床医生是否注意到广场恐惧症的症状，A都可能存在非特定的焦虑障碍（广场恐惧症的持续时间不足6个月）。

除了DSM-5的诊断，考虑什么引发了A的焦虑障碍是很重要的。确定人们患心境障碍或者焦虑障碍的原因是不太可能的，但考虑到与症状出现有关的心理社会性应激源，对转介、追踪、制定目标及咨询设定都有帮助。

在此病例中，A与男友分手后，产生了急性焦虑症状。这件事让人极其不安。但"为什么是现在"？需要思考A生活中长期存在的问题及与之相关的应激源。她指出自己从来没有单身过很长时间，且在童年时期就存在分离困难。由分离触发的焦虑提示存在依恋问题，成年人依恋类型被认为与个人早期的人际关系有关。具有安全型依恋的个体可以与他人形成亲密关系，也能在独处时自我调节，使自己平和。另一方面，具有不安全型依恋的个体，会依附于所爱之人，但在独处时不能很好地自我调节，且对他们依赖的人具有矛盾情感。按照这个思路，可以假定A的症状出现与其早年和母亲之间的不安全型依恋有一定关系。

第一节　焦虑症的成因

根据我国2019年流行病学调查结果，焦虑障碍已成为我国发病率最高的精神疾病，其中，12个月患病率为5.0%，终生患病率高达7.6%。焦虑障碍主要表现为对未来可能出现的威胁情绪的反应，容易导致害怕、回避行为，还可能伴有惊恐发作，值得注意的是，惊恐发作虽是恐惧反应的特殊类型，但也不仅仅出现在焦虑障碍中。

焦虑障碍的类型包括分离焦虑障碍、特定恐怖症、惊恐障碍、广泛性焦虑障碍等，焦虑障碍通常是一种慢性疾病的状态，确诊前往往伴有抑郁发作史，患者总能将他们所担忧和恐惧的问题"正常化"，他们也总会将自己描述成"一生中都有担忧的人"。他们在面对自己的问题时，也总是保持着一种矛盾的态度，他们既认为目前的担忧是为了更好地应对将来可能出现的问题，同时又会感觉到这种担忧会给自己带来伤害，应该及时停止这种持续性的担忧。

不同类型的焦虑在成因上有一些区别，以下总结了焦虑障碍出现的常见成因。

一、生理因素

（一）遗传因素

焦虑症跟家族病史有密切的关系。研究发现，焦虑症患者的亲属患焦虑症的概率比一般人群高。如果家族中有焦虑症患者，个体发病风险会增加。通过对双胞胎的研究发现（Shimada，Otowa&Hettema，2015），同卵双胞胎焦虑症的同病率显著高于异卵双胞胎。这表明遗传因素在焦虑症的发病中起到一定作用。

（二）神经系统

神经系统模型显示杏仁核及其相关结构对惊恐发作有影响。位于大脑颞叶深处的杏仁核是调控负性情感的中枢。杏仁核过度激活是引发焦虑障碍的重要因素。

二、环境因素

（一）压力性事件

令人感到有压力的生活事件及失落感也可能诱发焦虑症，如父母常年争吵、童年不良经历、丧偶、丧亲、离婚、丢掉工作、财务危机、失去健康等。

（二）抽烟、酗酒、药物滥用

通常认为，借助酒精、尼古丁可以纾解焦虑症的低潮，但新的研究结果显示（Vorspan，Mehtelli，Dupuy，Bloch&

Lépine，2015），使用这些东西实际上会引发焦虑症及焦虑障碍。约有30%的严重焦虑症患者存在酗酒与滥用物的问题。此外，焦虑症患者对尼古丁上瘾的几率也比正常人高两倍。

三、个人因素

（一）个人特质

情绪不稳定，容易紧张、担忧和情绪化，对压力耐受性低的人更容易体验到焦虑情绪。而内向、羞怯、自卑、敏感的人在社交等压力情境下，也可能因过度在意他人评价而更易产生焦虑感。此外，具有完美主义倾向的人往往会对自己和周围事物要求过高，当事情达不到预期标准时，也会诱发焦虑。

（二）道德因素

高频率的道德冲突：当个人的价值观和道德观念与实际行为或社会环境产生冲突时会引发焦虑，高频率的道德冲突不仅容易陷入自我怀疑，还可能进一步诱发社交矛盾，加重自身的焦虑。过度的道德责任感：有些人会对周围的事物背负过度的道德责任，总是觉得自己需要对他人的不幸负责，当无法帮助他人解决困难时，就容易产生焦虑。

（三）躯体疾病

已有大量研究证实，焦虑症状可能受到躯体因素的影响。比如，甲状腺亢进者因激素分泌过多，身体代谢加快，会出现心慌、多汗、烦躁不安等类似焦虑的症状，长期可能诱发焦虑症。冠心病患者，可能会因为害怕病情突然恶化而处于焦虑状态。频繁发作的偏头痛会给患者带来很大的身心压力，使患者对下一次发作产生预期性焦虑。另外，一些脑部的器质性病变也可能影响神经递质的平衡，从而增加焦虑症的发病风险。

（四）认知因素

根据Aaron T.Beck的观点（Beck，1979），适当的焦虑对人类发展是有益的，比如运动员、积极防御、危险行为的回避等，焦虑在其中都发挥了积极的作用。根据这一理论，Lazarus提出了评价和应激的模型（Lazarus&Smith，1988），认为应激体验是由应激源（具体事件）与一个人对能否应对危险或事件负荷的评价之间的互动决定的。此模型承认了焦虑症状激活和危险知觉方面可能存在生物学易感性的差异，并且，一旦焦虑反应被激活，个体特有的认知扭曲方式就会加重焦虑水平并维持其在一个较高的水平。

第二节　焦虑障碍的评估

最新研究调查结果显示（Mohammadkhah，Shamsalinia&Shirinkam，2021），通过方便抽样的方式邀请在校大学生进行网络调查发现，焦虑症检出率达88.1%，并发现手机成瘾、家庭教养方式、抑郁状态等与其存在高度相关。从中不难看出，焦虑已经逐渐变成当代大学生身上存在的普遍问题，能否进行科学有效的评估非常关键。

一、焦虑症的表现

（一）睡眠问题

焦虑症患者常出现入睡困难，躺在床上时，大脑被各种担忧的思绪占据，难以平静下来进入睡眠状态。例如，担心明天的工作任务无法完成、害怕即将到来的社交场合等。

其次，患者往往睡眠质量差，容易频繁醒来。夜间可能会因突然涌上心头的焦虑情绪惊醒，之后很难再次入睡。并且会多梦，梦境内容往往也和焦虑的事情有关，比如梦到自己在考试但什么都不会，或者在公众场合出丑。

（二）肌肉紧张

焦虑时身体会处于一种应激状态，肌肉会不自觉地紧张起来。患者可能会经常感到颈部、肩部和背部肌肉僵硬、酸痛。比如，长时间坐在办公桌前工作的焦虑症患者，会比其他人更容易出现肩颈疼痛，这是因为肌肉长时间处于紧张收缩状态。其次，面部肌肉也可能紧张，出现牙关紧咬、眉头紧皱的情况，而且这种肌肉紧张可能在焦虑情绪产生时就会立刻出现，成为身体对焦虑的一种本能反应。

（三）慢性消化不良

焦虑会干扰肠胃功能。患者可能经常出现胃部不适，如胃痛、胃胀。这是因为在焦虑状态下，身体的交感神经兴奋，会抑制肠胃蠕动和消化液的分泌，影响食物的正常消化。严重时还会出现恶心、呕吐或者食欲不振的症状。例如，在面临压力事件引发焦虑时，有些人会完全没有胃口，看到食物甚至会产生恶心的感觉。长期焦虑还可能引发肠道问题，如肠易激综合征，出现腹泻或便秘等症状。

（四）过于机警

焦虑症患者仿佛一直处于"警戒状态"。他们对周围环境的变化过度敏感，哪怕是很微小的声音，如走廊里的脚步声、窗外的汽车声，都会引起他们的注意，并可能引发紧张情绪。此外，在社交场合或新环境中，他们会不断观察别人的表情、动作，过度解读这些细节，担心自己是否有不恰当的行为或者是否会受到他人的负面评价。

（五）非理性的担忧和恐惧

患者的担忧和恐惧往往是没有实际根据或者过度夸大的。比如，总是担心自己或家人会遭遇严重的事故，尽管没有任何迹象表明会发生这样的事情。这种担忧会持续存在并且难以控制。即使他人已经给出合理的解释或者安慰，患者还是无法摆脱这些负面的想法。而且这些担忧会涉及生活的各个方面，从身体健康、财务状况到人际关系等。

（六）惊恐发作

这是焦虑症比较严重的一种表现形式。患者会突然出现强烈的恐惧和不适感，好像即将面临灾难一样。发作时可能会伴有心跳过速，感觉心脏仿佛要跳出嗓子眼。还会出现呼吸急促、胸闷，甚至有窒息感。同时可能会出现头晕、出汗、颤抖等身体症状。惊恐发作通常是突然开始，在几分钟内达到高峰，然后可能会逐渐缓解，但会给患者留下害怕再次发作的阴影。

二、焦虑症患者的特点

（一）过度担忧

焦虑症患者总是陷入对未来各种事情的担忧之中。这种担忧往往是广泛的，涉及生活的方方面面，而且很难通过自我安慰或者他人的劝解来消除。

（二）灾难化思维

倾向于把事情的结果想象得非常糟糕。在面对一些正常的生活压力时，也会立刻联想到最可怕的后果，放大事件的负面效应。

（三）情绪不稳定

情绪波动频繁，容易紧张和激动。可能因为一点小事就引发强烈的情绪反应。在日常交流中，如果对方稍微提高一点声音，就会让他们感到非常不安，甚至可能会哭泣或者发脾气。

（四）回避行为

为了减轻焦虑，患者会尽量回避可能引发焦虑情绪的场景或活动，对于那些会引起担忧的事物也会选择回避，不愿意面对。

（五）强迫行为

部分患者会出现一些强迫行为来缓解焦虑。这些行为往往是患者自己也知道没有必要的，但就是无法控制自己不去做。

实战演练

辅导员面对患有焦虑症的学生时，也容易被其"无可救药"和"无所适从"的假象所迷惑，当遇到这类学生时，应该怎么样应对呢？下面展示一段对话演练，看看大家是否能从中发现问题？

案例

学生：老师，我真的不愿意再考英语四级了，因为我知道我自己考也考不过，去了也是白去，所以这次我也准备再次弃考了。

辅导员：可我听你妈妈说，你是准备考研的呀？

学生：对，现在都10月份了，12月底、1月初就是研究生考试了，但是我准备得并不好，四级也没时间看，哎，我最近都为这事烦得不行，晚上睡不好，头发也是大把大把地掉，吃也吃不好，我觉得我肯定考不上了。

辅导员：如果你准备考研，那英语对你非常重要，不仅考研要考，就算进面试了也是要考口语的呀。你现在应该抓住机会，好好把英语补上去。

  学生：但是英语我是真的不行，老师，从小到大，我英语考试及格的次数屈指可数。爸妈都已经习惯我偏科的问题了。

  辅导员：那你更应该好好学英语，你看身边的同学也都是从不懂开始的，慢慢就越学越好了，对吧？

  学生：我跟他们比不了，我是一个一无是处的人，而且我感觉英语四级考试越来越难了，我又学不进去，肯定考不过的。

  辅导员：哪会学不进去，还是你学习的动力不足。你要知道英语四级考试对你的重要性，影响到你大学能否顺利毕业，能不能拿到学位证，也影响到你考研，甚至往大了说，对你未来就业影响都是非常大的。所以，你想想这些，是不是就觉得学习英语更有动力了？

  学生：我知道了，老师。

案例分析

  在本次案例中，大家认为辅导员对同学的疏导方式是否可取呢？

  首先，我们来分析一下学生的问题：从认知层面来讲，他的自我评价较低，认为自己一无是处，对于英语和考研都存在"绝对化"的预测，认为自己是一定考不上研究生、考不过英语四级的，这种已经成为习惯的"绝对化"归因，使其面对新一轮的英语四级考试时非常恐惧，出现想要弃考的逃避性行为。从躯体化层面来讲，学生已经因为考试焦虑出现了失眠、脱发等症状，就上述情况大致可以评估其可能存在焦虑障碍。

其次，我们来看辅导员的处理方式。辅导员工作的重点围绕鼓励和开导学生能够好好准备，按时参加英语考试，但中间缺少一个核心环节，就是倾听和理解。案例中，辅导员有明确的谈话目标，但对于学生透露出的情感需求却置之不理，学生心中清楚参加英语四级考试对于自己的重要性，但有一股更强的力量阻碍了他的决定，可能是原生家庭的创伤，也可能是屡次英语考试成绩不佳所造成的习得性无助，他真正想要回避的并不是这次考试。

所以，在访谈中，辅导员应该先放下终极目标，停止对学生的说教，先倾听理解学生，在建立起信任关系后，学生可能会主动反思这件事情，并向辅导员抛出问题：如果你是我，你会怎么做呢？这时，再去提出意见和建议，肯定能够事半功倍。同时，如果有机会了解到阻碍学生学习英语背后的原因，适时共情也能起到很好的效果。

第三章　双相情感障碍

案例

　　小Z是一名即将毕业的大四学生，今年22岁。在她告诉室友自己想要自杀后，被送至医院精神科急诊接受咨询。小Z之前有过心境不良症状，通过服用锂和舍曲林控制病情直至基本平稳。但3个月前当她得知自己被保送研究生，将前往一个新的城市读研时，她的抑郁症状很快就复发了。她想通过各种方式自杀，以免给别人添麻烦。她曾想过靠着窗户时，从窗口跳下，以免导致宿舍被弄脏、弄乱。

　　小Z的精神疾病史始于15岁，她经常与朋友相约在街边抽烟或去酒吧喝酒。这两种物质能够使她镇静，她不承认这是问题。自读大学以来，她再没有使用过酒精和尼古丁。17岁左右，她开始经历短暂而强烈的抑郁发作，有哭泣、自罪感、快感缺乏、绝望、精神不振和注意力不集中等症状。她每天睡觉超过12小时，全然忘记自己在学校和家庭中应承担的责任。抑郁发作几周后她通常会转为另一种状态，出现精力旺盛、言语急促和拥有不同寻常的创造力等表现。她晚上大部分时间都用来熬夜完成项目和学校社团的工作。这样的情况持续了5天左右，之后她感觉朋友们已经开始和她意见相悖，并不再是真正的朋友。由于担心她过于偏执，她的家人曾带她找精神科医生诊治，她被诊断为双相II型障碍，服用锂和舍曲林治疗。虽然接受这种方案治疗后，小Z的心境并不算稳定，但她在大学的良好表现，使她获得了去往远离老家的一所学校读研究生的机会。而此时，她的抑郁障碍复发，她第一次有强烈自杀的意愿。

经评估，小Z伴有明显的抑郁情绪、泪流满面、精神运动性迟滞。她说，大多数日子里起床和上课对她来说非常困难。她提到了绝望、注意力不集中和内疚，因为家人为她交了学费，自己却不能坚持学业。她说大部分时间都在考虑自杀这件事，几乎没有任何能分散她注意力的事情。她否认最近酗酒或频繁吸烟。她承认有强烈的空虚感，偶尔想要通过割断自己的胳膊来体验一些不同的感觉，她知道这种方式不会自杀成功。她否认自己有心境不稳定、现实感丧失和冲动的问题，她比较关心她的身份，有被遗弃的恐惧。

案例分析

小Z当前为抑郁发作，伴有抑郁心境、快感缺乏、睡眠问题、无力、精神运动性迟滞、过度内疚和反复思考自杀。这些症状造成严重的社会功能损害，已经持续3个月，远远超过DSM-5中抑郁障碍诊断中2周的病程标准。且除了抑郁症状，她曾按照双相II型障碍接受治疗，特征症状为抑郁和轻躁狂。根据提供的病史，她曾有持续5天的精力旺盛、言语急促、创造力和生产力增加、睡眠需求减少的症状。这些符合轻躁狂的诊断。然而，除了这些症状，患者曾短暂地相信她的朋友已经背叛了她，不是真正的朋友。如果这些偏执症状被认为是精神病性症状，那么她更应被诊断为双相I型障碍。在这种情况下，偏执似乎不是单纯的妄想，因此，仔细评估患者的现实检验能力很重要。

小Z的病情开始于十几岁。双相障碍首次发病年龄平均是25岁，症状开始出现在15～30岁。发病年龄早表明疾病更严重，尽管小Z的社会功能相对保持较好，在22岁时她已经历了数次抑郁和轻躁狂发作。

风险性：小Z的自杀意愿非常令人担忧，因为在目前所知的精神障碍中，双相情感障碍的自杀率是最高的，并且成功自杀案例达到了25%，且大约三分之一的双相情感障碍患者至少有过一次自杀企图，虽然目前导致双相情感障碍的原因比较复杂，但它存在的风险性是需要被关注的。

第一节　双相情感障碍的成因

双相情感障碍在我国的发病率约为1%～3%，70%的患者在20岁前已经出现症状，但一直未能引起人们的足够重视。3月30日是世界双相情感障碍日，世界印象派画家梵高曾被医学界推断可能患有双相情感障碍，所以，双相情感障碍日被设定在梵高的生日。

双相情感障碍的特点是伴有躁狂或者轻躁狂发作，在一定时间内出现睡眠需求减少、言语增多且夸大、思维奔逸和急性发作的精神愉快等，如果其中还伴有明显的抑郁症状，则符合DSM-5中双相I型，而双相II型则无需在既往史中具备抑郁症状。

双相的定义非常严格，需要患者在一定时间内达到症状频率才能被确诊。他们的情绪就像坐过山车，时而兴奋疯狂，时而低落消沉。病人一段时间表现为躁狂，一段时间又变得抑郁，甚至躁狂和抑郁交替或循环出现。双相情感障碍发病的高峰年龄为15～19岁，但是多数病人需要5～10年时间才被明确诊断，约70%病人被误诊或漏诊。

定义双相情感障碍之前，我们应该先了解它，那到底是哪些原因导致了双相情感障碍呢？

一、遗传因素

有双相情感障碍家族史的人患病率会比正常人群高10%。通过家系调查发现，双相I型障碍患者的一级亲属中双相障碍的发病率较正常人的一级亲属的发病率高数倍，血缘关系越近，患病率越高，并且有早发遗传现象，即发病年龄逐代提早、疾病严重性逐代增加。

分子遗传学方面，遗传因素在情感障碍发病中可能导致一种易感素质，而具有这种易感素质的人在一定的环境因素促发下发病。不少学者探讨了与双相障碍可能有关的标记基因，但尚无确切可重复验证的结果，双相障碍的易感基因尚需进一步研究。

二、生物因素

（一）神经递质与内分泌

大脑神经突触间隙5-羟色胺等神经递质含量异常，5-羟色胺功能活动缺乏可能是双相障碍的基础，是易患双相障碍的素质标志；去甲肾上腺素功能活动降低可能与抑郁发作有关，去甲肾上腺素功能活动增强可能与躁狂发作有关；多巴胺功能活动降低可能与抑郁发作有关。神经内分泌功能失调在双向情感障碍的发生发展中起到重要作用，人体的下丘脑-垂体-肾上腺（HPA）轴是神经内分泌系统的关键部分，双向情感障碍患者中HPA轴的功能常常失调，这就可能导致情绪不稳定。

（二）生物节律性

生物节律紊乱是双相情感障碍的病因机制之一。生活事件可以扰乱授时因子，影响生物节律，从而导致情绪症状的出现。双相情感障碍患者的生物节律系统较健康个体更敏感，容易受到外界影响而紊乱，而紊乱后的体内生物节律可增强授时因子理论中生物节律的紊乱，进而共同引起情绪症状。

部分双相情感障碍患者的发病形式与季节因素相关，最新研究发现心境障碍受试者比健康受试者具有更高的季节性，表现为：初冬（10～11月）为抑郁发作，而夏季（5～7月）出现躁狂发作。对女性患者来说，还具有夏季高发的特点。

三、环境因素

（一）社会环境

不良的生活事件和环境应激事件可以诱发情感障碍的发作，如失业、失恋、家庭关系不好、长时期高度紧张的生活状态、经历高频率的负性刺激事件都可能诱发人的情绪波动变大，内心的不安全感增加，从而导致情绪失调。不过，在疾病发展过程中，生活应激事件与情绪之间的关系到底是持久还是多变的，这些都尚不明确。

（二）童年期创伤

童年经历应激事件造成的心理创伤会增加双相发作的概率。如经历过身体虐待、情绪虐待、被忽略、丧亲等事件的儿童，都可能导致未来罹患双相情感障碍。其中被情绪虐待的儿童，所受的影响最为深重，这种事件不仅会留下心理创伤，更会以负面的情绪处理方式塑造自身的人格。

四、心理因素

（一）性格特征

情绪敏感的人对外界刺激反应强烈，容易被小事影响，情绪波动较大，无论是正面还是负面情绪都可能被放大，而性格偏执的人往往对某些观念或事情持有过度坚持的态度，这种固执的思维模式使得他们在面对压力或者挫折时，很难灵活地调整心态，容易产生情绪的极端化，进而增加了患病的风险。

（二）人格特质

人格特质中的神经质对于抑郁的发病有一定的预测作用，具有环型人格、情感旺盛性人格特征（显著的外向性格、精力充沛、睡眠需求较少）者易患双相情感障碍。临床上，遇有这类人格特征的患者出现抑郁发作时，应更加警惕是否属于双相情感障碍，或是否会发展成双相情感障碍，在使用抗抑郁药治疗时应特别注意诱发躁狂发作的可能，以按双相情感障碍处理为宜。

— 37 —

第二节　双相情感障碍的评估

双相障碍（Bipolar Disorder，BD）的重要诊断标准之一是患者表现出明显的躁狂或轻躁狂症状。当患者表现出明显的躁狂症状时，双相障碍的诊断一般会比较容易，但患者处于轻躁狂或抑郁发作的时候，有时候很容易漏诊或误诊为单相抑郁症，我们可以通过一些临床自测量表进行辅助筛查和评估。

一、自测量表

（一）32项轻躁狂症状清单（32 itemHypomania Checklist，HCL-32）

32项轻躁狂症状清单是由苏黎世大学精神科教授Jules Angst编制的一种自评性轻躁狂量表，编制主要参照DSM-IV中的诊断标准，对于筛查轻、中度躁狂发作比较灵敏。

HCL-32一共包含32个条目，主要测量受试者精力充沛/心境高涨、冒险/易激惹这两个因素，该量表可以在双相障碍患者的任何阶段进行测评。有研究表明该量表更适合在II型双相患者（典型的轻躁狂重抑郁，即躁狂症状较轻，程度明显低于抑郁症状）中使用。

32个条目均由受试者评定为"是"（出现或典型）或"否"（未出现或不典型），32个条目中≥14项回答为"是"则判定受试者双相障碍筛查为阳性。

（二）抑郁自评量表（Self-ratingdepression scale，SDS）

双相障碍患者除了躁狂发作还存在抑郁发作的症状。常见的抑郁症状自评量表是SDS，可为患者提供一定的参考。该量表由W.K.Zung编制，使用起来十分简单，可以直观反映患者抑郁的主观感受。

SDS包含20个反映抑郁主观感受的项目，每个症状按出现的频率分为1～4四级评分，其中10个为正向评分，10个为反向评分。按照中国版的结果解释，SDS的总分越低表明状态越好，标准分的分界值为53分，其中53～62分为轻度抑郁，63～72分为中度抑郁，73分以上为重度抑郁。如果受试者既往出现了躁狂的症状，需要进行进一步筛查或前往医院检查确诊。

二、双相情感障碍的表现

双向情感障碍是一种精神类疾病，这种疾病和神经内分泌、遗传等有着很大的关系。出现双向情感障碍症时应及时前往医院就医。这种疾病的出现会对患者的生活造成巨大的影响，典型症状为抑郁和躁狂交替发作，具体表现为心情极度亢奋或沉闷，一般可维持数小时或数天。

（一）亢奋表现

1. 心情持续高涨，自我评价过高，自我感觉良好，世界的中心即为自己，自己应受所有人的崇拜；

2. 言语过多，精力充沛，思维跳脱，即使剧烈脑力或体力劳动过后，仍不觉累；

3. 情绪易怒激动、容易与他人发生口角、争执，偏执、坚持以自我为中心；

4. 过分热情慷慨、乐于助人，随心所欲，挥霍无度，好指使他人，做事往往容易头脑发热，不计后果。

（二）抑郁表现

1. 心情持续低落、自我怀疑否定，有自卑感、负罪感，认为自己是这个世界的累赘，出现自伤自杀的念头和行为；

2. 言语过少，不爱说话、与人交流，大脑空白，思维放缓，强烈的疲倦感使得自己无法完成任何一件事，对生活充满了绝望；

3. 常伴随躯体化症状、如失眠、恶心、头晕、头痛、腹痛，感到身体某一部分软弱无力、暴饮暴食或食欲下降，体重持续增减；

4. 情绪容易产生较大的波动，敏感多疑，认为所有人都对自己不友善，感到孤独、寂寞、绝望无助；

5. 认知功能出现偏差，认为一件事非黑即白，思想悲观，融入不进集体，总想迎合讨好别人、顺从别人，害怕被抛弃和孤立等。

（三）危险性评估

对于危险性的评估不是一成不变的，每次评估只能反映一定时间段内患者的危险性，在随访管理过程中需要持续动态观察。根据《国家基本公共卫生服务规范（2018年版）》和《重性精神疾病管理治疗规范（2018年版）》，以下是评估的8条标准：

①患者监护较差，尤其是无监护或弱监护患者；

②既往出现暴力行为；

③既往有暴力冲动的口头威胁；

④近3个月内有被害妄想、猜疑等精神病性症状；

⑤有酒精、毒品等精神活性物质使用史；

⑥抗精神病药物治疗依从性较低；

⑦人格障碍（冲动、边缘、偏执型人格），不易沟通交流；

⑧经历重大事件刺激或变故，经常被周边人员嘲笑或挑逗等。

凡是具有上述8条危险因素中任意3条或3条以上的，危险性评估可直接判定为3级或3级以上，表明患者存在很高的风险性。

四、双相情感障碍的自杀风险评估

据研究，有15%的双相情感障碍患者死因是自杀，在患者处于抑郁状态时，会对生活产生负面的想法，因而萌生自杀的念头，因此双相情感障碍患者的自杀率比平常人高出25倍，而当中约有一半患者在其一生中曾经有过至少一次的自杀经历。由于患者在躁狂期和混合发作期都极少产生自杀念头，亦极少在此期间实施自杀行为，有研究认为自杀对患者而言是一种状态性依赖行为。因此，评估双相情感障碍患者的自杀风险尤为重要。

（一）提出自杀主题

如果辅导员认为无法在访谈中开启这一话题，可以通过下面的语言来导入主题："你现在似乎正在经历很多事情，我非常高兴你能来寻求帮助。你好像完全被压垮了，而且非常痛苦。你现在的处境似乎非常艰难，以至于你真的有过自杀的想法，之前学校心理普测的问卷中也展现了这一信息，因此我想要进行一个更加深入和全面的评估来了解你的心理痛苦和情绪困扰。为此，我这里有一份评估工具，它对我们会非常有帮助，我希望我们能共同来完成它。"

值得注意的是，如果不使用筛查工具，那么辅导员就尤其要负责任地仔细聆听一些关键信息，诸如失望、绝望、逃避的愿望和无望感等。当你意识到可能隐隐存在一种自杀的"氛围"时，就要尽快地直接讨论自杀的主题，这一点很重要。这时我可能会这样说："你的情况听上去真的非常糟糕和痛苦。我很高兴你能来寻求帮助！我想知道有时候它痛苦到什么程度？你又是怎么度过的？你知道一些人在遭受这样的煎熬时可能会想到自杀，这并不罕见。听到你描述的处境，我想知道你有过这些想法吗？如果有的话，我们可以共同完成一个评估过程，它可以帮助我更加深入地理解你的处境。"

（二）开始自杀风险评估

引入自杀主题，在获得学生同意后，我们就可以进行简答评估。

1. 评估自杀、自伤计划

跟来访者讨论他的自杀想法：是不是具体？可执行性如何？其方法的致死性如何？计划越具体，好执行，致死性高，自杀风险就高，这说明来访者对"自杀行动"有充分的思考和准备，有具体计划。"致死"是明确的目标。没有计划0分；不具体，致死性不强1分；具体，致死性强2分。

2. 评估既往相关自杀、自伤经历

分值从低到高：没有自杀经历，0分；远期有过一次自杀经历，1分；近期有过自杀经历，2分。近期有过自杀经历的，再次实施自杀的风险性高。

3. 评估目前现实压力

这个要说明一下，每个人对压力的感受不同。这里说的压力是来访者对应激事件感受到的压力值。没有，0分；有压力、能应对，1分；有压力、不能应对，2分。

4. 评估目前支持资源

这里的资源是指社会支持系统：家人或者朋友。一方面，家人和朋友的爱是来访者内心的牵挂，是可能唤起个案求生希望的动力；另一方面，也要筛选家人，朋友在个案自杀、自伤问题上能起到的现实性作用。比如实际的看护工作。评估方式是：有，可用0分；有，但用不上1分；没有，2分。

5. 临床诊断《自杀风险性评估量表》

自杀风险因素中表明有自杀想法和行为，就该突破保密原则，告知紧急联系人，来访者有自杀风险。

高危风险评估：最近一个月内，您是否有下列表现，请根据实际情况进行选择。

表现	是	否
1. 你是否会觉得死了比较好或者希望自己已经死了？		
2. 你是否会想要伤害自己？		
3. 你是否想到自杀？		
4. 你是否有自杀计划？		
5. 你是否有过自杀未遂的状况？		
6. 在过去的时光里，你是否有过自杀未遂的状况？		

《自杀风险性评估问卷》主要围绕近一个月是否有过自残、自杀想法和计划，如果结果中反映出既往有过自残、自杀念头和计划，近期存在自杀意念和自杀未遂等，都将第一时间打破保密原则，启动学校一级防御机制，马上联系学生家长，并将学生的情况及时告知，向家长说明目前存在的风险，并希望家长能够从关心学生的学习和生活入手，说话态度委婉，切忌激化学生的情绪，其余部分可结合后面的非机构化访谈技巧。

实战演练

双相情感障碍筛查（MDQ）

请认真阅读下面的题目，做出是或者否的回答。共13道题，预计用时5分钟。

1. 您感到非常好或非常开心，但其他人认为与您平时的状态不一样，或者还由于这种特别开心、兴奋而带来了一些麻烦。

2. 您容易发脾气，经常大声指责别人，与别人争吵或打架。

3. 您比平时更自信。

4. 您睡觉比平时少，而且也不想睡。

5. 您话比平时多，或说话速度比平时快。

6. 您觉得脑子灵活，反应比平时快，或难以减慢您的思维运转速度。

7. 您很容易被周围的事物干扰，以至于不能集中注意力。

8. 您的精力比平时好。

9. 您比平时积极主动，或比平时做了更多的事情。

10. 您比平时喜欢社交或外出，如在半夜仍给朋友打电话。

11. 您的性欲比平时强。

12. 您做了一些平时不会做的事情，别人认为那些事情有些过分、愚蠢或冒险。

13. 您花钱太多，使自己或家庭陷入困境。

问卷分析

心境障碍问卷（Mood DisorderQuestionnaire，MDQ）

心境障碍问卷由Hirschfeld 编制，共包含13个条目。该问卷从《精神疾病诊断与统计手册（第四版）》（The Diagnostic and Statistical Manual of Mental Disorders，DSM-IV）和临床经验中提取躁狂症状，主要检查被测者在过去的任一时间点是否经历过这些症状。被测者完成一次心境障碍问卷大约需要5分钟，量表得分≥7时表明患者存在明显的双相障碍症状，需要及时接受治疗。

双向情感障碍，如果不及时进行治疗会越来越严重，甚至会发展成抑郁的趋势，有些患者会因为这种疾病而自杀，所以身边的人还是要多和患者聊天，帮助患者解决问题。患者在饮食方面也需要注意，要多吃新鲜的蔬菜和水果，这些食物当中蕴含丰富的维生素，能够提高患者的免疫力。

值得注意的是，不同的患者出现双向情感障碍的症状是不一样的，这种疾病主要是通过药物来进行治疗，从而降低发作频率，改善生活质量。药物治疗的时候也要注意，要在医生的指导下进行，主要是使用一些稳定剂以及精神类的药物。

第四章　社交恐惧症

　　小A同学在有人的地方会感到紧张、恐惧、心慌，吞口水，经常自责，持续近两年，最近有所加重。小A自述，高二上学期一次开会时，站在其旁边的一位女同学一直用手捂着鼻子，小A怀疑是因为自己有口臭，碍于面子也没去求证。不久后，自习时坐在对面的一位男生也捂着鼻子，坐得离自己越来越远，这更加重了他的怀疑。这两次经历后，小A就觉得自己可能有口臭，同别人说话时开始刻意保持距离，也不再去面对面坐的自习室自习，改在教室自习。小A表示，没有闻到自己有口臭，但就是觉得自己可能会有。到了大三，小A发现自己开始害怕去人多且需要近距离接触的场所，比如食堂、同学聚会等。在自己紧张的时候感觉肚子会发出声音，担心别人会误认为这是放屁的声音。小A表示已经忍受不了自己这样，因为一个人整天放屁是很另类的。

　　在觉得自己可能有口臭之前，小A的活动范围也主要是在寝室、自习室、食堂这三个地方，和同学的关系一般，经常没什么共同话题。当去吃饭和自习都开始感到害怕的时候才意识到问题的严重性。小A自述，在去食堂吃饭前就开始担心待会在路上会紧张，所以尽量挑人少的时候去吃饭，在食堂也会选周围没人的位置坐。小A目前感到，自己在一天中的很多时候都会感觉到紧张，在自习室只要周围有人就会紧张到看不下书的程度，只想躲到一个没有人的地方。他觉得自己很没有用，见到人就紧张，到时恐怕连工作都找不到，这样走上社会肯定是适应不了的。他有时会陷入负面的情绪中，但有时候也挺享受这种负面的情绪，因为在那个时候自己可以不用顾忌别人的感受，不用表现得那么热情。

案例分析

小A在有人的时候感觉紧张、心慌，害怕去食堂吃饭，不能够正常地学习。目前，小A知情意协调一致，人格完整且稳定。其主观认识与客观现实一致，心理活动内在协调一致，个性稳定。有自知力，主动寻求帮助、无逻辑思维的混乱，无幻觉、妄想等精神病性症状，因此可以排除精神病。对照症状学标准，小A表现出紧张、情绪低落、回避等症状；从严重程度标准上看，小A的心理问题不是现实事件引起的，紧张反应强烈程度与处境不相称，但没有影响逻辑思维；有回避和泛化，对社会功能和学习造成了严重的影响；从病程标准来看，病程近两年，时间很长；且排除器质性疾病所致。根据以上依据诊断为：社交恐惧症。

第一节　社交恐惧症的成因

一、社交恐惧症的成因

心理承受能力差的人，如果在社交过程中遭遇挫折或失败，很可能会产生社交恐惧症。如今是信息化时代，足不出户就能做很多事情。很多人喜欢待在家里，几乎都不需要和他人交流，容易导致社交恐惧症。对此，我们一定要及时查出病因，对症治疗。那么，形成社交恐惧症的原因都有哪些呢？

（一）生理原因

身体内的5-羟色胺对于我们的情绪有一定的影响，这种物质负责向大脑神经细胞传递信息，过多或过少的话均会引起人们的恐惧情绪。此外，血清素这种神经递质在调节情绪、社交行为方面也很重要，其水平的异常也可能引发社交恐惧。

（二）心理原因

早期的创伤经历是关键因素。如童年时在社交场合被羞辱、嘲笑，会给个体心理留下阴影，导致其在日后社交情境中产生恐惧。而自卑心理也会引发对自己外貌、能力等方面的不自信，容易害怕在社交中被否定，从而出现社交恐惧。

（三）家庭原因

父母的教养方式很重要（Islomovna，2024）。过度保护的家庭环境会使孩子缺乏社交锻炼，长大后面对社交场合时易产生恐惧心理；关系紧张的家庭环境也会有影响，家庭成员之间如果经常发生冲突，孩子可能会对社交产生焦虑情绪，进而延伸到其他社交关系中。

（四）社会原因

若个体在以往的社会交往过程中经历过挫折、麻烦、失败，或者受到过嘲笑、讽刺、拒绝等，容易产生心理阴影，对人群感到恐惧，和人说话时就会出现紧张、焦虑、不安等情绪。

（五）思维方式

人格其实是人自身思维方式的外在表现，不正确的思维方式也会诱发社交恐惧症。比如过度完美主义者被打击后容易过度自我审视，对自己产生过低的评价等。

（六）心理与行为特质

内向型人格的人更容易出现社交恐惧。他们在社交中容易感到精力耗尽，长时间社交会让他们感到不适和恐惧。高敏感人群也比较危险。他们对社交中的细节，比如他人的表情、语气等细微变化容易产生误解，进而引发恐惧。这类人群一般不够自信，在和其他人交往接触时不敢直视对方，就算和对方视线碰撞，也会很快躲开，无法正常聊天。

第二节 社交恐惧症的评估

有效的评估能够帮助人们区分正常的社交紧张和社交恐惧症。很多人在社交场合会感到紧张，但这与社交恐惧症有本质区别。通过专业量表和临床访谈等方式，能精准判断个体是否达到社交恐惧症的诊断标准，从而为后续制定治疗方案提供依据。

一、量表评估

（一）社交恐惧量表（SPIN）

这是比较常用的量表，共17个项目，涵盖社交焦虑和回避行为等内容。它主要用于评估个体在社交情境中的恐惧、紧张等情绪体验，以及由此产生的回避社交的情况。例如，其中的问题会涉及在社交场合是否害怕被别人评价，是否会因为害怕而避免和人接触等。

（二）社交焦虑量表（SAS）

这个量表重点关注社交焦虑情绪，通过一系列的问题来量化这种情绪的程度。它能够帮助评估个体在社交互动前、中、后的焦虑感受，包括担心自己表现不好、害怕尴尬等情绪体验，像"在社交场合，我经常担心自己会脸红"这样的问题。

（三）简明社交恐惧量表（BSPS）

主要用于快速筛查和初步评估社交恐惧症。量表从三个维度，即害怕、回避和生理反应来衡量。例如，它会询问在社交场合是否会出现心跳过速、出汗等生理反应，以及是否会因此而回避社交活动。

（四）社交回避及苦恼量表（SAD）

社交回避及苦恼分别指回避社会交往的倾向及身临其境时的苦恼感受。回避是一种行为表现，苦恼则为情感反应。这个量表含有28个条目，其中14条用于评价社交回避，14条用于评定社交苦恼。最初的评分采用"是-否"方式，但许多研究人员采用了5级评分制。"是-否"评分制得分范围为0（最低的回避及苦恼程度）~28（最高的一级）。

在使用该量表时应特别注意：社交回避的反面不是社交参与，而是"不回避"。此外，应该谨慎地只将主观的苦恼及行为上的回避等包括在内，而将诸如焦虑生理指数及受损的行为表现等内容排除在外。在最初的量表条目选择时，考虑了社交愿望及赞同的频率，并且进行了广泛的预测。

二、自我评估

（一）日常社交场景中的反应

在日常社交活动后，回忆自己身体出现的反应。比如，当你进入一个满是陌生人的聚会场所，是否会心跳加速，就像刚跑完步一样，心怦怦直跳。还有是否会脸红，感觉脸部发烫，就像被火烤一样。另外，观察自己是否会出汗，可能是额头、手心或者后背出汗，汗水可能会把衣服浸湿。同时，留意自己是否会出现呼吸急促的情况，比如感觉气不够用，需要大口呼吸来缓解。

（二）对生理反应的程度判断

根据生理反应的频繁程度和强度来做初步判断。如果只是偶尔在非常紧张的社交场合，如重要面试时出现轻微的心跳加速，这可能是正常的紧张反应。但如果每次和陌生人交流或者在小群体中说话都会出现上述多种强烈的生理反应，那可能就需要引起注意。

三、临床访谈评估

（一）结构化临床访谈

心理专家会使用标准化的问题来询问评估患者的症状。评估由专业的心理医生或心理咨询师实施，他们会询问你的社交情况，包括症状出现的频率、严重程度、持续时间等。例如，"你在社交场合（像聚会、会议发言）中，是否经常感到极度紧张或害怕？""这种感觉出现的频率如何？是每次、经常还是偶尔？"除了频率，还会询问症状的持续时间，如"从什么时候开始出现紧张情绪？这种情绪是一直持续，还是间歇性发作？"

（二）半结构化临床访谈

在这种访谈中，医生具有一定的灵活性。除了基本的问题，还会深入了解患者的个人经历和情绪感受。比如询问患者在感到紧张时脑海中的具体想法，比如："当你在社交场合紧张时，你会想些什么？是担心别人对你有不好的评价，还是其他方面？"

值得注意的是，无论使用哪种临床访谈评估方法，专业人员都应依据权威的精神疾病诊断标准，如《精神障碍诊断与统计手册》（DSM-5）。

四、行为表现评估

在绝大多数社交情境里，总是表现出与人交往的焦虑、害羞或胆怯。对他人的批评或反驳过分敏感，怀疑别人针对自己。回避某种程度的人际接触情境，且自己清晰地知道，这样畏惧是过度且不合理的。与人交往时（尤其是大众场合下），会不由自主地感到紧张、害怕，以致手足无措、语无论次等，在和别人交谈时，会尽量避免眼神接触，总是看向别的地方，或者盯着自己的鞋子。说话时结结巴巴，声音很小，甚至有时候会突然忘记自己要说什么。在群体活动中，总是试图躲在角落里，避免成为焦点，或者尽量不发表意见。关注这些行为出现的频率，如果这些行为在大多数社交场合中都出现，而且已

经持续了很长一段时间，比如几个月甚至几年，那么可能存在
社交焦虑障碍。

实战演练

在当今社会，人际交往无处不在，然而有这样一群
人，他们在社交的舞台上犹如被困在聚光灯下的困兽，
内心充满了挣扎与恐惧。作为辅导员遇到这种情况的学
生该如何应对呢？接下来让我们一同感受社交恐惧症患
者所面临的独特困境与挑战。

大学生小Z在新的校园环境中一直难以适应社交生
活，总是回避集体活动和与同学的交流。辅导员发现了
他的异常并尝试与他沟通，希望能帮助他。

辅导员： 小Z，听同学们反映你不太喜欢和他们一
起玩，宿舍的聚餐也不怎么参加，大家都挺关心你的，
老师也想听听你的想法。

小Z： 我……我不太想去。

辅导员： 为什么呢？大家一起多热闹呀，也能增进
感情。

小Z： 我不喜欢人多的场合，感觉很不自在，不知
道该说什么。

辅导员： 可你这样老是自己一个人，会很孤单的。
你具体是怎么个不自在法呢？

小Z： 我就怕大家都看着我，我会脸红，心跳特别

快，而且担心自己说错话，被别人笑话。上次小组讨论的时候，我就紧张得脑子一片空白，声音都在发抖。

辅导员：其实大家都很友好的，不会笑话你的。你有没有想过克服一下这种害怕呢？

小Z：我也知道不好，可就是控制不住自己。每次一想到要面对那些社交场合，我就提前好几天开始焦虑了。

案例分析

从这段对话可以看出，小Z表现出了典型的社交恐惧症症状。他对社交场合存在强烈的恐惧和回避行为，如拒绝宿舍聚餐的邀请。在社交情境中，他会出现明显的生理反应，像脸红、心跳加速、大脑空白、声音发抖等，并且极度担心自己表现不佳而被他人嘲笑。他这种提前数天就因预期社交而产生焦虑的情况，也表明其焦虑程度较深。这种社交恐惧症严重影响了小Z的大学生活，阻碍了他与同学建立良好关系、拓展社交圈子以及参与校园活动，可能导致他逐渐脱离群体，产生孤独感和自我否定情绪，长期下来甚至可能影响学业发展和心理健康水平的稳定。

疾病篇之不同家庭结构下的心理问题

　　影响一个人心理健康的因素有学校教育、家庭环境、社会文化及学生自身等，其中，原生家庭对于一个人的成长和发展起着重要作用，不同家庭结构对人心理发展的影响也存在差异性。通过对传统家庭、核心家庭和特殊家庭学生心理健康水平的研究发现，三种类型学生呈现的主要心理问题各不相同（赖文琴，2000）。比如，传统家庭学生的主要心理健康问题是人际关系敏感，其余依次是强迫、敌对、偏执、焦虑。传统家庭是指三代及以上一同居住的家庭，由于家庭成员多，彼此间的关系处理较为复杂，相互之间关系的好坏直接影响到子女的心理健康，故表现以人际关系敏感为主。核心家庭的主要心理健康问题是强迫，其余依次是人际关系敏感、偏执、敌对、焦虑。核心家庭是指由父母和孩子共同组成的家庭，父母对孩子期待较高，对学生的管束较多，因此学生表现出的强迫性更明显。特殊家庭的主要心理健康问题较前几类明显不同，处于第一位的是抑郁，其余依次是人际关系敏感、强迫、偏执、敌对。特殊家庭是指父母离异或子女寄养在别人家等，子女往往缺乏父母的保护和情感温暖，故表现为抑郁分离。

家庭结构类型对学生的心理健康有着重要的影响，深入了解不同家庭结构类型，有助于心理健康工作者深入分析学生心理问题产生的根源，并在以后的非结构化访谈工作中采用不同的应对方法和更有针对性的措施，从而增强心理干预工作的有效性。

第五章　单亲家庭

在当今多元化的社会家庭形态中，有一种家庭结构格外引人关注，它承载着独特的情感张力与生活挑战，那便是单亲家庭。单亲家庭是指子女只能跟随父母其中一方生活，另一方可能是亡故或由于离异等原因而几乎完全放弃了对子女的监护和抚养义务的家庭。家庭缺损势必导致家庭功能的缺损，从而影响其子女的身心发展。单亲家庭儿童是潜在的心理、行为障碍的高危人群，拥有较多的心理健康危险因素。有报道称，随着年龄的增长，父母离异的负面影响会逐渐加大，导致大多数离异家庭青少年处于持续适应不良状态，而这常常是由原有的应激还未消退，新的应激接踵而至导致的。

单亲家庭犹如一艘在生活海洋中独自航行的船只，虽少了一份陪伴的力量，却也在坚韧地驶向远方。它的存在不仅深刻影响着家庭成员的生活轨迹，更在孩子的心灵深处刻下了或深或浅的印记，对其心理成长与性格塑造产生着不可忽视的作用。

第一节　单亲家庭学生常见心理问题
及影响因素

案例

　　小W，一个来自西北的汉族男生，独生子，大一新生，学籍和户籍分属两个省份。入学将近一个月，在某节体育课之后，班委报告说小W在体育课上课期间情绪低落，后来借机早退。此外，学习方面，小W在上课期间都满勤，但是总是坐在教室的后方，课上时常玩手机、爱睡觉，很少认真听讲。人际交往方面，小W基本从未主动与舍友之外的其他同学交流。了解情况后，辅导员约谈了小W，发现小W性格偏内向，不愿意交流，总是以沉默来表达抗拒，经过交流，辅导员与小W之间建立了初步信任，但是他依旧只愿意简单地回答，未能完全敞开心扉。所以辅导员建议小W以笔代口，将愿意表达的想法写出来。看完信后，辅导员再次约谈了小W。在两次约谈期间，辅导员也及时与小W的舍友和所在班级的主要班干部面谈，此外还电话联系小W的父母，了解小W的详细情况。原来，小W的父母在其高三时就离婚了，并均已重组家庭，双方经济压力都比较大，经常出现生活费支付不及时的情况。

案例分析

应对方式：辅导员详细了解情况后，时常联系小W，尽量营造一个轻松的谈话氛围，耐心与他交流。在之后的学生干部竞选中，依据小W的经验及意愿推荐他担任学生干部，锻炼并提高他的能力；并依据综合情况，为其争取了贫困生补助及勤工岗位，减轻其经济负担。

小W的行为变化：一段时间后，小W比之前积极开朗多了，在课堂上玩手机的情况也减少了，基本不在课上睡觉，和同学之间的关系也改善很多。小W偶尔也会去辅导员办公室帮些忙，有想法时也会主动与辅导员交流，并在期末考试中全部都通过，没有挂科。

一、单亲家庭的亲子关系

（一）单亲父亲或单亲母亲对比

近年来，单亲家庭子女的心理健康问题已受到社会的广泛关注。生活在这类家庭中的个体处境较完整家庭的个体有很大差异，而子女由母亲抚养孩子（单亲母亲家庭）或由父亲抚养孩子（单亲父亲家庭）的两种不同结构单亲家庭的情况也存在差异。研究发现（刘苓和何思忠，2006），单亲母亲家庭和单亲父亲家庭的家庭精神环境有一定的差异，单亲父亲家庭的亲密度、情感表达、成功度、道德性显著低于单亲母亲家庭。进一步对比研究发现，随父生活的个体在生活中更易退缩，不易接受新刺激、新事物，且心理健康状况更差，存在明显偏执、人际关系紧张等情况，需要更多的鼓励和指导。

此外，通过对比可知，非监护母亲的精神质维度得分显著高于监护母亲；从性格比对发现，非监护母亲性格较孤僻、冷漠，可能是导致父亲承担监护人结局的原因之一。这一结果也提示单亲父亲家庭的精神环境比单亲母亲家庭的精神环境更差，更需要改善。

（二）单亲家庭亲子关系问题

在家庭关系的复杂拼图里，亲子关系本应是色彩斑斓且紧密交织的部分。然而，当家庭结构转变为单亲家庭时，这幅拼图仿佛被打乱重组，新的画面中既有单亲家长独自支撑的艰辛身影，也有孩子在缺少一方关爱的成长之路上的迷茫徘徊。亲子之间的情感纽带在这样特殊的家庭环境下也面临着前所未有的考验与挑战，每一个细微的互动、每一次情感的交流都可能隐藏着亟待我们去发现与理解的问题。那么，单亲家庭中的亲子关系究竟会呈现出哪些独特的困境与矛盾呢？

1. 沟通出现障碍

良好的亲子沟通是交互的，是父母与子女平等对话、交流的过程，有利于双方更好地了解彼此，从而加深亲子感情。当今社会中，大多数单亲家庭都是女性带孩子，家庭生活的重担都落在母亲身上。她们一方面要赚钱养家，维持家庭正常的生计，另一方面还要照顾孩子。生活的压力导致这些单亲母亲产生巨大的精神压力和心理压力。久而久之，与孩子的沟通交流越来越少，内容也很枯燥单一，关注点大多放在孩子学习情况上，缺少情感性的互动和交流。

2. 亲子间信任度低

互相信任是父母与子女之间建立良好关系的前提和基础。首先，对于子女来说，父亲或母亲一方的缺失某种程度上会给其心理造成影响，而不同程度的心理创伤也会使其变得少言寡语、悲观失望。孩子生活在不完整的家庭中，缺少父母的呵护，也无法体会到正常家庭的温馨，缺少安全感，会出现不相信爱、不相信父母的情况，有的孩子甚至会对父母产生厌恶或仇恨。其次，对于家长来说，单亲家庭中父母一方角色的缺失，使原本协调的家庭结构失衡，家庭氛围消极紧张，家长在生活的压力下往往容易忽视对子女的教养和陪伴，从而加剧亲子之间的不信任。

3. 亲子间冲突频发

家庭系统理论认为，家庭中只要有一个人发生某种变化，那么这其中所有成员都会受到影响（Johnson&Ray，2016）。单亲家庭中父母一方角色的缺失会破坏亲子关系的功能以及整个家庭系统的功能。单身母亲或单身父亲由于角色紧张会出现调适困难的情况，导致在生活中与子女之间关系恶化，各种冲突、矛盾时有发生，这些矛盾和冲突大多是由孩子的某些事情引起的，家长不去了解事情发生的原因，不顾子女的感受，只是一味地说教。久而久之，孩子就会顶撞家长，与家长发生言语或肢体冲突，导致亲子关系不和谐。

4. 亲子关系性质发生变化

费孝通把夫妻和子女比作"社会结构中的真正三角"，用这种方式解释夫妻与子女之间的相互关系。但是，如果夫妻中的一方从家庭中分离，就会使得这个原本稳定的"三角"失去一条边，孩子从父亲或母亲那里得到的教育和照顾就不完整了，甚至是畸形的。且单亲家庭中以单身母亲居多，由于生活压力和家庭结构的变化，单身母亲往往会展现出更多的艰难和辛苦，基于对母亲的爱，孩子会比实际年龄成熟一些，可以替母亲分担一些生活压力，这时家长会将亲子关系逐渐转变为同伴或合作伙伴关系，家长越来越依赖孩子，把他们当作精神支柱和情感依托。

二、单亲家庭大学生常见心理问题

（一）自卑

单亲家庭长大的学生由于长时间缺失来自父亲或母亲的关怀，不知不觉间就会产生具有消极特征的心理暗示，他们可能会将自己的家庭情况与其他家庭完整的同学相比较，感觉自己缺少一部分关爱或者经济支持等，从而产生不如别人的想法。这种心理的出现与家庭经济条件的好坏并无关系，是一种在单亲特殊环境下产生的不良情绪。这样的学生在做事情时往往不够坚定，缺乏自信心，存在极其严重的自卑感。

（二）情绪敏感且多疑

对他人关于家庭的言论或者态度比较敏感。别人不经意间提到父母相关的话题，可能会让他们联想到自己的家庭情况，进而怀疑对方是否是在含沙射影或者同情自己。学生长期处于极度缺乏安全感的状态，导致其对待任何新鲜事物都表现出防御姿态。再加上敏感的性格特点，在与人进行沟通交流时对于一些模棱两可的话语往往不能准确理解，甚至误会他人善意的语句，影响朋友之间的正常相处。他们往往认为，周边的人和事均是在针对自己，长此以往，更加重了其敏感多疑的性格特点，无法信任别人并经常在日常生活过程中没来由地情绪紧张，陷入恐惧与猜忌的不良状态无法自拔。

（三）社交意识较差

单亲家庭的学生往往不愿意打开心扉与他人交流，再加上自卑感与安全感的极度缺乏，其长期处于自我封闭状态。部分单亲家庭的大学生可能会因为家庭环境的影响，性格变得比较内向。在社交场合中，他们可能不知道如何主动与他人交流，总是担心自己不被接纳。他们可能还会对社交关系存在恐惧，害怕在新的人际关系中暴露自己的家庭情况，害怕受到伤害。这类学生遇上不开心的事情会独自伤心，宁愿一人面对困难也不去寻求他人帮助。在这种心理状态下，他们能够交流的真心朋友越来越少，有集体聚会也不愿意参加，总是活在自己的小天地中封闭自己的内心。

（四）心理承受能力差

心理承受能力差是单亲家庭长大的孩子一种极为常见的性格表现，他们在很小的时候经历了残酷生活的洗礼，使其对现实生活极其不信任，只有封闭自己的内心才能勉强感受到一些安全感。长期处于这种心理状态使得他们的心理承受能力极差，即使面对一些常人看起来极为微小的困难或打击，也会丧失面对问题的信心，出现情绪崩溃的现象，极端时甚至会出现轻生念头。

三、单亲家庭大学生心理健康的影响因素

在大学校园这个多元的小社会里，单亲家庭大学生作为一个特殊群体，其心理健康状况备受关注。到底是哪些因素在悄然影响着他们的内心世界呢？是家庭结构的变迁所遗留的痕迹，还是成长过程中外界环境的持续作用？是自我认知与性格特质在其中交织，还是社会文化氛围的无形渗透？深入探究单亲大学生心理健康的影响因素，不仅能为他们撑起一把心灵守护的伞，更有助于整个社会教育与人文关怀体系的完善与进步。

（一）社会因素

社会中部分人群对单亲家庭存在偏见，认为其家庭结构不完整会导致孩子性格、品德等方面存在缺陷。这种刻板印象使得单亲大学生在社会交往时，可能会遭受异样眼光或不公平对待，从而产生自卑、焦虑等心理问题，甚至对社会产生抵触情

绪，影响其心理健康发展和正常的社会融入。此外，当前社会针对单亲大学生的专门支持体系相对薄弱。在他们面临经济困难、心理困扰等问题时，难以提供足够的、有针对性的帮助与资源。例如，一些社区或公益组织虽有帮扶项目，但往往覆盖面较窄，且心理健康辅导的专业性不足，使得他们在遇到问题时常常感到孤立无援，心理压力不断累积。

（二）学校因素

在学校教育中，部分教师可能将更多精力放在学生的学业成绩和整体班级管理上，对单亲大学生这一特殊群体的个性化心理需求关注不足，未能及时察觉他们在家庭变故后可能产生的学习动力下降、情绪波动等问题，导致这些学生的心理问题得不到及时的引导与干预，心理负担逐渐加重。此外，学校里的同伴关系对大学生心理健康也有着重要影响。单亲大学生可能因家庭背景不同，在与同学相处过程中产生心理落差。例如，一些集体活动或宿舍生活中，他们可能因经济条件限制或家庭情况特殊而难以融入，产生孤独感与被排斥感，若长期处于这种不和谐的校园人际关系中，容易引发抑郁、社交恐惧等心理问题。

（三）家庭因素

单亲家庭往往面临经济收入减少的状况，单亲家长可能因独自承担家庭经济重担而无暇顾及孩子的心理需求，且家庭经济紧张可能使孩子在学习和生活资源上相对匮乏，如无法参加一些课外培训或社交活动。这种经济压力易使单亲大学生产生内疚、焦虑等负面情绪，影响其心理健康与学业发展。还有部分单亲家长因自身情感创伤或生活压力，在教养孩子时可能出现过度溺爱、过度严厉或忽视等极端方式。过度溺爱易使孩子形成依赖、任性等不良性格；过度严厉则可能导致孩子自卑、胆小；而忽视孩子的情感需求会让孩子感受不到家庭温暖，造成情感缺失与安全感匮乏，这些都不利于单亲大学生心理健康成长。

（四）自身因素

许多单亲大学生可能因家庭结构的特殊性而对自己产生不正确的认知。他们可能将家庭的"单亲"状况过度归咎于自己，认为是自己不够好导致父母离异或家庭变故，从而陷入自我否定的漩涡，产生自卑、低自尊等心理问题。同时，在面对生活中的挑战与挫折时，也容易因这种自我认知偏差而缺乏自信与应对能力。

由于不同的单亲大学生具有不同的性格特质，一些性格内向、敏感的学生可能更容易受到家庭变故的影响。他们将内心的痛苦与困惑深埋心底，不善与他人交流倾诉，导致心理压力不断积压，引发心理问题。而心理调适能力强、性格乐观开朗的学生相对来说能够更好地应对家庭结构变化带来的影响，保持较为健康的心理状态。

第二节 单亲家庭大学生心理问题的调适

近年来，大学生心理健康问题日益受到重视。而在大学校园的青春舞台上，有这样一群特殊的追梦者——单亲家庭大学生，他们带着独特的生活轨迹和情感烙印踏入这片充满希望与挑战的天地。家庭结构的变化如同一场不期而遇的风雨，在他们心灵的湖面上泛起层层涟漪。然而，成长的旅程不应被阴霾笼罩，他们正站在人生的新起点，积极地探寻心理调适之路。如何在单亲的背景下，冲破内心的枷锁，化解情感的纠结，让心灵重归阳光与安宁？对于心理健康工作者而言，了解单亲大学生心理问题的调适方式对有效开展非结构化访谈有着重大意义。

一、单亲家庭大学生心理调适

弗洛伊德精神分析学派认为，人的心灵可以分为三个自我意识的层次：意识、前意识和潜意识。一些本能的冲动、被压抑的欲望或生命力常常在不知不觉的潜意识里发生，但因不符合社会道德和本人的理智而无法进入意识，也无法被个体所觉察，这种潜伏着的无法被觉察的思想、观念、欲望等心理活动被称为潜意识，也就是无意识。其实一些单亲大学生的种种反应都属于潜意识行为，对他们来说，有意识层面和无意识层面之间有可能会发生交换，因此，在平时的工作中，辅导员应多关注这一学生群体，细心观察，及时给予关心和爱护。并且可以借助一些心理调适的方法，改善学生的心理和行为惯性。

（一）认知重构法

单亲大学生首先要接受自己家庭的现实情况。这意味着承认家庭结构的改变是一个既成事实，而不是一味地逃避或者否认。例如，有些学生可能一直沉浸在对完整家庭的幻想中，这种不切实际的想法会阻碍他们对现实的适应。他们需要明白，单亲家庭只是家庭形式的一种，并不代表自己低人一等。

运用认知行为疗法中的认知重构技术（Beck，1993），单亲大学生需识别并挑战因家庭结构改变而产生的负面自动思维。例如，当出现"我家庭不完整，所以我在各方面都不如别人"的想法时，要善于分析这种思维的不合理性，并用积极、客观的思维取代，如"虽然我来自单亲家庭，但我拥有独特的成长经历和优势，这能让我更独立、坚强"。这有助于改变对自身和家庭状况的认知偏差，重塑健康的自我形象。关注自己的思维模式，避免过度泛化和灾难化的思考方式。如果在某个方面遇到挫折，不要将其归结为是单亲家庭导致的，而是具体分析挫折产生的原因。例如，在恋爱关系中受挫，不要认为是因为自己来自单亲家庭才不被喜欢，而是思考自己在沟通、性格等方面可能存在的问题。

（二）情绪调控法

情绪心理学家认为，情绪作为脑内的一个检测系统，对其他心理活动具有重要的影响。这种作用表现为积极情绪的协调作用和消极情绪的破坏、瓦解作用。人处在消极情绪状态时，容易失望、悲观，放弃自己的愿望，或者产生攻击性行为。

借助情绪调节理论（Gross，2008），单亲大学生要学会识别和接纳自己的情绪。如采用情绪标签法，当感到愤怒、悲伤或焦虑时，明确地告诉自己"我现在很愤怒，这是因为我想起了父母离婚时的场景"。通过这种方式，增强对情绪的觉察和理解。然后，运用深呼吸、渐进性肌肉松弛等放松训练，降低情绪的生理唤醒水平。同时，也可通过书写情绪日记，记录情绪产生的情境、感受和想法，进一步探索情绪背后的心理需求，从而更好地管理情绪。还可以向亲密的朋友倾诉或者参加支持小组，在这些场合中，可以放心地表达自己内心的感受，分享自己在单亲家庭中的经历和情绪。倾诉不仅能够释放情绪，还能从他人那里获得不同的观点和支持。

（三）社交技能训练法

基于社会学习理论（Bandura，1977），单亲大学生可以通过观察和模仿社交能力强的同伴或榜样的行为，来提升自己的社交技能。在社交过程中，要运用积极倾听技巧，专注于对方的表达，给予适当回应，同时，也要学会清晰、真诚地表达自己的想法。例如，在讨论关于家庭的话题时，如果自己感到不舒服，可以坦诚地说："我不太想讨论这个话题，因为它会让我想起一些不开心的事情。"

积极参与社交活动，从低压力的社交情境开始，逐步增加难度。参加各种兴趣社团，根据自己的爱好选择参加绘画社团、音乐社团或者体育社团等，在社团活动中，因为有共同的兴趣爱好作为基础，更容易与他人建立联系；积极参与志愿者活动，这不仅能够帮助他人，还能拓宽社交范围，在志愿者活动中，会遇到不同背景的人，和他们一起为了某个目标而努力，能够增强自己的社交能力和归属感。以此建立良好的人际关系，增强社会支持网络，缓解因家庭问题带来的孤独感和社交焦虑。

（四）建立自我认同法

依据埃里克森的人格发展理论（Erikson，1959），单亲大学生正处于自我认同形成的关键时期。他们可以回顾自己在单亲家庭成长过程中的成功经历、克服困难的过程等，以此构建积极的自我认同。同时，利用班杜拉的自我效能感理论（Bandura&Wessels，1997）设定符合自身实际情况的目标，并通过努力逐步实现，在这个过程中不断强化对自己能力和价值的肯定，从而提升自我认同感和自尊心，减少因家庭结构特殊而产生的自卑心理。

借鉴优势视角理论，单亲大学生要关注自己的优势和资源。可以列出自己的优点清单，包括个人品质（如坚韧、独立）、技能（如擅长写作、计算机操作熟练）和社会支持（如和朋友关系亲密、和某位老师沟通良好）等方面。同时，思考这些优势在自己的成长过程中是如何发挥作用的。例如，坚韧的品质可能帮助自己在父母离异后的困难时期坚持下来，独立的性格让自己能够更好地安排自身的生活和学习。通过这种方式，将注意力从家庭的不足转移到自身的优势上，构建积极的自我认同感。

第六章　隔代抚养家庭

在家庭结构的多元版图中，隔代抚养家庭犹如一抹独特而又复杂的色彩。年轻家长承担着较大的经济压力、工作压力，鲜有时间与精力照顾与教育孩子，并将教育孩子的重任交给祖辈们承担，这也使一种别样的家庭生态悄然形成。在这样的家庭里，祖孙之间的情感纽带紧密交织，传统与现代的育儿理念相互碰撞，文化与观念的传承流转其中，它既承载着祖辈的关爱与经验，又面临着诸多前所未有的挑战与困惑。

在隔代抚养家庭中，大学生与祖辈往往有着深厚的情感联系。这种情感纽带在他们的成长过程中持续发挥作用，为他们提供了稳定的情感支持。祖辈通常强调家庭的凝聚力和归属感，他们对家庭观念的重视会传递给大学生，使大学生即使在上大学后，依然对家庭有着强烈的眷恋和责任感。这种归属感有助于大学生在建立稳定的自我认同，避免因身份迷茫而产生心理问题。且祖辈有着丰富的人生经验和传统的价值观，如诚实、勤奋、尊老爱幼等，在隔代抚养过程中，这些价值观潜移默化地影响着大学生，有助于帮助大学生塑造积极向上的心态，增强应对挫折的心理韧性。但祖辈和孙辈之间又存在着明显的代际差异，这种差异可能会导致他们内心的矛盾和困惑，心理压力增大，且由于年龄差距和成长环境的不同，隔代之间可能存在沟通障碍。祖辈可能不理解大学生的一些新潮想法和心理需求，而大学生也可能觉得祖辈的观念陈旧，难以沟通。这种沟通不畅会使大学生在遇到问题时，无法从祖辈那里获得有效的心理支持，甚至可能因为误解而产生心理隔阂，影响心理健康。

第一节　隔代抚养家庭学生常见心理问题及影响因素

在家庭的多元构成画卷中，隔代抚养家庭作为一种独特的存在形式，悄然展现出别样的轮廓与色彩。当年轻的父母因工作忙碌奔波、地域限制或其他种种复杂缘由将养育子女的接力棒递交给祖辈时，一个充满独特情感交织与教育互动模式的隔代抚养家庭情境便应运而生。

案例

小Y是一个很内向害羞的女孩子，从她的穿着打扮可以看出她乖巧懂事，聊天时发现她不善言谈。小Y从小与奶奶一起生活，目前祖孙关系比较和谐，但是和父亲的关系比较紧张，小Y自述很讨厌自己的父母，觉得自己也很差劲，想和祖父母沟通，但是双方似乎并不能完全理解对方心里的想法，祖父母总是跟小Y强调父亲对自己的爱，希望自己能原谅父亲曾经缺位的现实。小Y目前和母亲已经断联，她一直认为是父亲的问题才导致母亲离开了这个家庭，自己也因为这个问题一直无法释怀，因为她内心一直渴望能有一个完整的家庭。由于始终没有人能够理解自己，小Y总是很悲伤，觉得自己没有什么存在的意义。通过周围同学了解到，小Y的社会关系比较单一，她没有什么朋友，总是喜欢独来独往。

案例分析

　　亲子关系是人一生中最重要的支持系统，是其他任何关系都无法代替的，小Y之前与爷爷奶奶以亲子的模式相处，表面正常实则存在很多问题，父母生下小Y后没有承担养育的责任，而且父亲在她的生命中一直扮演着一个无关紧要的角色，并没有承担本该履行的监护职责，对小Y的关注没有因为小Y的情绪问题而增加，甚至更加不闻不问，小Y十分失望，从内心不愿接受父亲，然而毕竟血浓于水，小Y有时候也想像别人一样得到父亲的关心和照顾，羡慕别人与父亲的相处模式。在这种矛盾状态下，小Y逐渐开始在自己身上寻找原因，出现强烈的自我否定，认为自己不应该存在于这个世界，对周围环境和自己都表达出绝望感，在她的认知结构中，已经出现了不合理的自我认知。

一、隔代抚养大学生常见心理问题

隔代抚养家庭环境中成长起来的大学生，犹如在特殊气候中孕育的花朵，虽有坚韧绽放之处，却也难免面临一些独特的心理境遇。让我们一同揭开隔代抚养家庭大学生常见心理问题的面纱，探寻他们内心世界的奥秘与困惑。

（一）重养轻教，情绪稳定性差，缺乏批判性思维

在隔代抚养的重养轻教模式下，大学生可能在情绪调节方面存在问题。祖辈通常更注重生活上的照顾，对情绪认知和情绪管理的教育相对不足。例如，当这些大学生在大学遇到压力事件，如考试失利或人际关系冲突时，可能缺乏有效的情绪应对策略，容易出现情绪波动。他们可能会过度焦虑、沮丧，甚至会因为一点小事就陷入长时间的消极情绪，无法像在情绪教育良好的家庭环境中成长起来的学生那样快速调整情绪。

此外，重养轻教的环境往往缺少对批判性思维的培养，祖辈可能更倾向于让孩子接受现有的观念和知识，而不是鼓励他们去质疑和思考。但在大学的学习和研究中，这种思维方式的局限就会凸显出来。例如，在学术讨论中，他们可能很难提出新颖的观点，因为他们习惯了被动接受知识，缺乏对既有观点进行批判和反思的能力，这会限制他们在学术和创新领域的发展。

（二）家庭角色认知混乱，身份认同模糊

由于父母在成长过程中的相对缺席，这些大学生对自己在完整家庭结构中的角色缺乏清晰的理解。他们可能会过度关

注自己与祖辈的关系，而在面对父母或者涉及父母角色的场景时，容易产生迷茫情绪。比如在与同龄人讨论家庭亲子关系时，他们可能会因为自己特殊的成长经历而不知道如何定位自己在家庭中的角色，进而怀疑自己是否拥有"正常"的家庭观念和家庭角色认知。进而导致性别定位缺乏，生活能力和耐挫力下降。

在隔代抚养家庭中成长，大学生可能会在家庭角色认知上产生模糊感。一方面，他们与祖辈有着深厚的情感纽带，受到祖辈传统观念的深刻影响；另一方面，他们又身处现代社会环境和校园文化之中。这种差异使得他们在自我身份认同上摇摆不定，容易陷入困惑。他们可能在不同的情境下表现出不同的自我，难以形成一个稳定、统一的自我认知。

（三）过度依赖与低自尊，情感表达困难

隔代抚养可能导致大学生形成过度依赖祖辈的习惯，在进入大学后，当需要独立做出决策、解决问题时，他们往往会怀疑自己的能力。这种过度依赖使得他们难以建立起对自己独立思考和行动能力的正确评价，总是低估自己的能力，认为自己离开祖辈的支持就无法应对各种情况。在一些情况下，隔代抚养家庭的大学生可能会因为自己的家庭抚养模式与主流的父母抚养模式不同而产生自卑心理。他们可能会将自己与在父母身边长大的同学进行比较，觉得自己缺少了某些方面的关爱或者教育，进而对自己产生负面评价，认为自己在性格、能力或者社交等方面不如别人。

由于在成长过程中没有得到足够的关于情感表达的引导，

他们可能在表达自己的情感时存在困难。祖辈在抚养过程中可能更关注孩子是否吃饱穿暖，而忽略了情感沟通的重要性。比如，这些大学生可能很难准确地表达自己对他人的喜欢、不满或思念等情感。在恋爱关系或亲密友谊中，他们可能会因为不知如何表达自己的情感而产生误解或矛盾，进而影响自己的情绪和心理健康。

（四）自我期待的冲突

祖辈的价值观和期望往往带有浓厚的传统色彩，他们可能希望大学生选择稳定的专业，从事传统的职业。然而，大学生受到现代教育和社会思潮的影响，可能有着不同的个人追求。这种传统期望与个人追求之间的冲突，会让他们在自我期望方面产生困惑和矛盾，不知道是应该遵循祖辈的期望来获得家庭的认可，还是坚持自己的梦想去追求个人价值的实现。

有些隔代抚养家庭对大学生寄予了很高的期望，这可能会给他们带来较大的心理压力。同时，由于在成长过程中可能存在一些能力培养的缺失或者心理上的依赖习惯，他们在面对这些高期望时，会感到自己的能力无法达到要求，从而产生较低的自我效能感。这种高期望与低自我效能之间的落差，会让他们在自我期待中产生挫败感和焦虑情绪。

二、隔代抚养家庭大学生心理问题的影响因素

（一）社会因素

社会作为个体发展的宏大背景，无论是社会大众对隔代

抚养家庭的固有认知与偏见，还是社会快速变迁所带来的文化冲击与代际隔阂，抑或社会支持体系在针对这一特殊群体时的缝隙与缺失，皆在悄无声息又确凿无疑地塑造着他们的心理风貌，影响着他们内心的宁静与平衡，值得我们深入剖析与审视。

1. 社会观念压力

社会普遍存在对家庭结构和抚养方式的固有认知与评价标准，隔代抚养家庭有时可能面临外界异样的眼光或偏见。这种社会观念压力会无形之中传递给大学生，使他们对自己的家庭背景产生敏感和自卑心理，长期处于这种心理防御状态会增加他们的心理负担，甚至影响其正常的社交互动和自我表达能力。

2. 文化代际冲突

随着时代的快速变迁，不同代际之间在文化价值观、生活方式和行为习惯等方面存在明显差异。在隔代抚养家庭中，祖辈与大学生之间的这种文化代际冲突尤为突出。祖辈所秉持的传统文化观念和生活模式在面对现代社会多元文化冲击时，可能与大学生所接受和追求的新文化理念产生激烈碰撞。这种文化代际冲突不仅容易引发家庭内部矛盾和沟通障碍，还会使大学生在价值观形成过程中产生迷茫和困惑，对其心理稳定性造成挑战。

（二）学校方面

1. 评价体系单一

一方面，学校教育评价体系的单一性给隔代抚养家庭大学生心理造成了显著压力。在以学业成绩为主要衡量标准的评价模式下，这些学生可能因家庭环境导致的学习基础差异、学习习惯不同或缺乏父母及时有效的学业辅导，在激烈的学业竞争中处于劣势。长期面对不理想的成绩反馈，他们极易产生自我怀疑与挫败感，认为自己不如其他同学，进而陷入自卑、焦虑的心理漩涡，从而逐渐对学习失去信心，对校园生活产生畏惧与逃避心理。

2. 课程针对性弱，硬件条件不足

另一方面，学校心理健康教育与辅导的不完善也加剧了隔代抚养家庭大学生的心理困境。许多学校虽设有心理健康课程，但往往流于形式，缺乏针对性与系统性，未能深入触及隔代抚养家庭大学生的特殊心理需求。当这些学生遭遇心理困扰时，学校心理咨询服务的专业水平有限、人员配备不足以及学生对心理咨询的误解与抵触等因素，致使他们难以获得及时、有效的心理支持与干预。

3. 人文关怀缺失

此外，校园文化氛围与师生关系也在一定程度上影响着隔代抚养家庭大学生的心理状态。若校园文化过于注重成绩与竞争，忽视学生个体差异与情感关怀，会使这些学生在校园中愈发感到孤立无援。同时，部分教师可能因班级学生众多，未能关注到隔代抚养家庭大学生的特殊家庭情况，在教育教学过程中未能给予他们足够的理解、鼓励与个性化指导，进一步加重了他们的心理负担，甚至可能引发师生之间的矛盾与冲突，对学生心理造成二次伤害。

（三）家庭方面

家庭本应是心灵的避风港、成长的摇篮，然而在隔代抚养情境下，却可能滋生诸多影响大学生心理健康的因素。

1. 教育理念差异

祖辈的教育理念往往较为传统，注重生活起居的照料和对传统规矩的遵循，而相对忽视对大学生心理成长、个性发展以及现代知识技能培养的关注，而对新兴的、富有创新性和挑战性的职业领域缺乏了解与支持，这可能导致大学生在自我认知和职业探索过程中产生困惑与冲突，限制了他们的视野和个人发展潜力，进而引发心理压力与焦虑情绪。

2. 情感交流失衡

虽然隔代抚养中祖辈与孙辈之间存在深厚的亲情，但这种情感交流可能存在一定的局限性。祖辈由于年龄和经历的原因，可能在与大学生进行深层次情感沟通时存在障碍，无法充分理解大学生在面对学业压力、社交挑战、自我认同等方面的复杂情感需求，导致大学生的情感得不到及时宣泄和妥善处理，长期积累下来容易形成孤独感、无助感等负面心理情绪。

3. 家庭角色缺失与错位

在隔代抚养家庭中，父母角色的长期缺失会对大学生的心理产生深远影响。父母是孩子成长过程中重要的榜样和情感依托对象，他们的缺席使得大学生在家庭关系认知和性别角色认同方面可能出现偏差，进而引发大学生内心的不安全感和自我怀疑，影响其心理健康发展。

（四）个人因素

在隔代抚养家庭大学生心理问题的形成中，个人因素犹如一颗独特的种子，深埋于他们内心的土壤，在成长历程中生根发芽，对其心理健康状况产生着根本性的影响。

1. 早期依恋关系影响

在儿童时期，与主要抚养者（祖辈）建立的依恋关系质量对大学生的心理发展具有基础性作用。如果早期依恋关系不稳定或不安全，可能导致大学生在后续成长过程中出现一系列心理问题。例如，在婴幼儿时期，若祖辈由于精力有限或抚养方式不当，未能及时满足孩子的情感需求，如回应哭闹、给予足够的身体接触和安抚等，可能使孩子形成焦虑-回避型依恋风格。这种依恋风格的大学生在成年后往往在人际关系中表现出回避亲密关系、难以信任他人的特点，同时容易产生焦虑、抑郁等负面情绪，对其心理健康和社会适应能力产生长期的不利影响。

2. 成长过程中的关键事件创伤

在隔代抚养过程中，大学生可能会经历一些特殊的关键事件，如祖辈生病、家庭经济困难、与同伴的严重冲突等，这些成长过程中的关键事件创伤若未能得到及时有效的心理干预和疏导，可能会在他们的潜意识中不断积累负面情绪能量，在特定情境下被触发，进而引发各种心理问题。

第二节 隔代抚养家庭大学生 心理问题的调适

隔代抚养家庭大学生的心灵世界里，仿若有一片时而迷雾笼罩的天地，心理问题如同隐藏其间的礁石，给他们的成长之旅带来诸多困扰与挑战。然而，正如每一片阴霾之下都蕴藏着穿透云层的曙光，每一种困境之中都孕育着突围的力量与契机。深入探索隔代抚养家庭大学生心理问题调适之路，去挖掘那些能够驱散迷雾、化解礁石阻碍的有效方法与策略，有利于助力他们的心灵之舟重新扬起自信与健康的风帆。

一、社会层面

（一）改变社会观念

通过媒体宣传、社区活动等多种方式，传播隔代抚养家庭的积极面和多样性，消除社会对这一家庭模式的偏见和刻板印象。例如，制作一些关于隔代抚养家庭成功案例的纪录片或公益广告，展示这些家庭大学生积极向上的一面，引导公众以更客观、公正的态度看待他们。

（二）建立支持网络

社会应构建针对隔代抚养家庭大学生的支持体系，如设立专门的心理咨询热线、线上社区或线下互助小组。这些平台可以让大学生分享彼此的经历和感受，获得情感上的支持。同时，组织专业心理工作者定期在这些平台提供心理知识讲座和咨询服务，帮助他们更好地应对心理问题。

二、学校层面

（一）教育形式多元化，丰富学生生活

校园是学生接受教育和活动的主场地，课堂是教育学生的主阵地。因此，学校要发挥大学生在教育中的主导作用，既注重学业知识传授，更注重学生综合素质提高，有机整合学业教育和养成教育，引导隔代抚养家庭大学生正向发展。开展多样化亲子活动，优化亲子沟通方式，提升隔代家庭教育效率，让家长和孩子"面对面"，创设亲子平等交流互动氛围，搭建起家长和孩子相互表达真实感情的平台，增进家长对学生生活的了解和关心，潜移默化中增进亲子关系。

（二）组织开展创新家庭教育的专题讲座

全新的时代对家长的教育观念、教育方式提出了全新的要求，但当前一些家长还停留在由传统教育理念与方式构建的教育模式里，导致孩子的身心发展都受到阻碍。基于此，学校应充分发挥自身优势，通过教育讲座，对学生和家长进行隔代教育理论知识系统培训。组织召开座谈会，引导家长了解隔代教育对孩子成长的影响，明确隔代教育中应该注意的问题和避免的影响，提供解决隔代教育问题的思路。辅导员应及时了解学

生的基本情况，对一些有隔代抚养经历的问题大学生应该面对面、点对点开展个性化指导，提供针对性应对方案。

三、家庭层面

（一）向祖辈提倡适度关心学生，帮助学生健康成长

我们必须要让祖辈意识到过度的爱是不利于下一辈的健康成长的，让他们了解，盲目满足孩子需求容易让孩子养成以自我为中心的不良习惯，对孩子的身心成长造成负面影响。在这样的前提下，祖辈应该配合自己的子女创造一个利于对孙辈展开家庭教育的良好家庭氛围，为孙辈创造与父母见面和交流的机会，从而帮助他们联络感情，创造一个有利于三代人温馨共处的家庭氛围。此外，我们还应当向祖辈提倡，在不过度溺爱孩子的前提下，也不应该对孩子过度苛刻，不应过度压缩孩子的成长空间，要在足够尊重和爱护孩子的前提下教育孩子。祖辈在进行隔代教育的同时，绝不可以将过多工作或生活琐事推给孩子，更不可将孩子视为私有物，对其进行"思想垄断式"的旧式教育。祖辈应当配合孩子的父母，以走进孩子内心世界的方式去了解孩子，将孩子当作有思想、有独立人格的个体，而不是自己的附属物。

（二）促进家长增强与学生的沟通交流

父母应该创造更多和孩子接触的机会，并主动了解孩子的精神世界。隔代抚养日益普遍大多是因为父母长时间与孩子分离，而这种距离导致父母往往只能关注到孩子的物质生活，

很难有时间和精力去了解孩子的精神世界。他们大部分时间都把孩子交给了祖辈，由于祖辈与孩子存在代沟，孩子无法及时抒发心之所想，孩子与父母间存在"感情空窗"，也阻碍了孩子与外界的顺利沟通。因此，我们急需改变孩子父母的教育观念，加强祖辈对孩子精神生活的了解，创造更多机会让孩子与家长或外界交流，从而丰富孩子的内心世界，促进孩子身心的健康成长。要做到这一点，首先要提醒父母，不能因繁忙沉重的工作而麻木了身心，要尽量做到每天与孩子沟通，了解孩子的内心世界，可以经常和孩子通电话，询问孩子今天发生了什么趣事，表达自己对孩子的思念，让孩子意识到父母对他们的爱护和关心。在假期里面，父母可以把孩子带在身边，让他们有机会直观地了解父母的生活状态，理解父母工作的不易，在引发孩子对世界和社会思考的同时，也让孩子产生对父母的尊敬和亲近之情。

（三）强化家庭教育和学校教育相结合

我们要充分重视学校教育对孩子的成长的影响，发挥学校与教师的教育作用，将学校的教育范围延伸到每个孩子的家庭当中，通过学校及职业教育者的介入，弥补隔代家庭教育的不足。学校教育不仅要将知识传递给孩子，更重要的是培养孩子的各项能力，提升孩子的道德修养，改善孩子的精神生活。在校教师也应该学习简单的心理知识，时刻了解学生的心理状况，给予学生更多关注，帮助其更好地融入集体，让他们通过学校的人际交往，弥补父母陪伴的缺失。

四、自我调适

（一）积极自我探索，提升情绪管理

隔代抚养家庭大学生应主动进行自我探索，了解自己的性格特点、情绪模式和心理需求。可以通过阅读心理书籍、参加心理测试等方式来加深自我认知。例如，写日记记录自己的情绪变化和引发情绪的事件，分析自己在不同情境下的心理反应，从而更好地理解自己。

主动学习情绪管理技巧，当感到焦虑、愤怒、悲伤等负面情绪时，能够运用这些技巧进行自我调节。例如，每天花 10～15 分钟进行冥想练习，专注于自己的呼吸，排除杂念，让身心得到放松，提高情绪稳定性。

（二）重新认识家庭成员，改善缺位和错位

隔代抚养大学生与（外）祖父母（或隔代亲戚）相处时间较久，自然与祖辈的关系和感情就会浓于非隔代抚养大学生，相对地，与父辈的关系和感情就会淡于非隔代抚养大学生。三代人之间感情的亲疏、交流多寡、接受的深浅，难免影响家庭的和谐，从而影响成长环境。作为已成年的自主自立的大学生群体，应从改变自己的认识出发，运用自己的智慧、交际能力改善三代人之间的关系。在重新认识的过程中，隔代抚养群体首先要明白，祖辈的价值观、人生观多数情况下与自己的价值观不一致，不要试图去改变他们，在无法认同的情况下要允许这种声音的存在。

（三）多参加活动，增加社会支持

学校、社团或者社会组织常常会开展活动，隔代抚养大学在正确认识自己并形成开放型性格之后，多参加这些活动是有必要的，可以慢慢地走出"自我封闭"的状态，渐渐融入同学与集体之中。在此过程中，可向那些人际关系好的同学学习，取人之长，补己之短，使自己的人际交往能力逐步提高。当然，在学习的过程中也不能丢失个体的特性，不能人云亦云，患得患失；要谦虚与自信并存。另外，交际能力的提高是个较长的过程，不能急于求成，在端正好心态、了解人际交往的重要性之后，在实践中反复总结、磨炼，才能日趋成熟。

第七章　重男轻女家庭

"重男轻女"意为重视男子，看轻女性；是社会中一种认为男女不平等的观念，重视男性的权利，而把女性定性为男性的附属，并限制她们发展个人才能。女性也被视为较为弱小的存在，因此她们在某些范畴上要负的责任比男性少。这种观念常见于父权社会，常伴随着男尊女卑和性别分工的观念，重男轻女现象从方方面面影响着社会经济发展。

在重男轻女家庭中，性别成为家庭舞台上绝对的主角，主导着资源分配的多寡、情感滋养的厚薄以及期望憧憬的高低。在这样的家庭情境之中，男孩仿若被命运钦点的宠儿，沐浴在无尽的关注与优渥的资源之中；而女孩则似被遗忘在角落的孤星，在黯淡的光影里艰难地追寻着自我价值的微光。这种家庭环境所滋生的种种现象与潜在矛盾，犹如一张错综复杂的网，不仅紧紧束缚着孩子们当下的成长步伐，更可能在他们未来漫长的人生旅途中投下久久不散的阴影，深刻地塑造着他们的人格、价值观以及对世界的认知与应对方式。

第一节　重男轻女家庭大学生常见心理问题及影响因素

　　家庭本应是爱与支持均等播撒的温床，却因性别偏见的扭曲，让大学生们的内心世界陷入了失衡与挣扎的漩涡。那些在重男轻女家庭中长大的大学生们，无论是被过度宠溺的男孩，还是被边缘化的女孩，都如同在风雨中飘摇的孤舟，各自承载着独特而又沉重的心理包袱。他们带着自幼便刻下的情感伤痕与认知偏差，踏入大学校园这片本应充满希望与自由的新天地，然而，过去家庭环境的阴影却如影随形，深刻地影响着他们的自我认知、情绪调节、人际关系以及对未来的憧憬与规划。了解重男轻女家庭大学生常见的心理问题及成因，有助于在非结构化访谈过程中，攻克学生的心理阻力，帮助学生健康成长。

案例

　　小Z是大学二年级的学生，从外表看来她是一个文文静静、性格内向的女孩子。但是，她对异性总有着莫名恐惧感。面对异性的时候，她总是手脚发抖，头上直冒冷汗，不敢看对方的眼睛，而且与异性交流时会出现严重的口吃现象。因此，她总是避开人群，特别回避与异性的接触。但是，在面对同性时，她却又是一个谈吐幽默风趣的女孩。根据咨询了解到：小Z有一个弟弟，她的父亲是一个普通工人，性格暴躁，在重男轻女思想的影响下，父亲偏爱弟弟，总是把弟弟的过错推到小Z头上，动辄打骂。久而久之，小Z对父亲产生了难以言说的恐惧感，而且也渐渐开始不愿意认识异性、接近异性。即使后面成绩优异，考上了大学，她还是难以接近异性，接近人群。小Z的身材偏胖，她从小到大没有穿过裙子。在学校时，总是独来独往，有一次，班上男生私下议论小Z的身材时，被小Z听到，这更加重了她的自卑感，此后更是避开有异性的人群，连走路也是无意识地低着头。

案例分析

从本案例中我们不难发现，小Z真正恐惧的是自己的父亲，在父亲的认知中，小Z就像一个错误的存在，在弟弟犯错时，小Z作为姐姐需要代替弟弟接受惩罚。并且，父亲当着弟弟的面暴力打骂自己的行为，实际是具有羞辱性的，这让本就弱势的小Z进一步丧失了自尊，她感受到自己在男性面前毫无地位可言，因而在听到同班男生议论自己的身材时，她首先感受到的不是愤怒，而是自卑。从某种意义上来讲，小Z认同了"施暴者"。

因此，在非结构化访谈中，辅导员首先尝试改变小Z的原始信念，所谓"解铃还须系铃人"，辅导员让女同学陪伴小Z去接触异性，从远远地观察，到加入后一起交流，到最后能够独自与其攀谈。在此过程中，小Z慢慢认识到在男性心中，并非女性就是低下的、没有地位的，相反，大家都是平等的。如此，小Z从行为到内心都不再认同"施暴者"的重男轻女思想，并认识到时代在改变，男性相对于女性的所谓优势正在迅速消失。这个世界真正的平等，不是针对性别的平等，而是针对实力的平等；作为女性，不要去试图争取针对弱者的照顾，而是用实力去争取权利的空间。女性能够获得足够的知识和技能，不用依赖任何他人生存，甚至有余力照拂他人，这才是获取尊重和自由最有效的方式。

在之后的追踪辅导中，辅导员提出希望能与家长沟通，最终获得了小Z的同意。在与家长的沟通中，辅导员告知了家长"重男轻女"的危害性，希望他们能够有意识地平等对待自己的孩子，意识到自己有一些重男轻女行为时，应该及时地停止，并且多给孩子一些关爱，不要只是看到女孩表面的乖巧懂事，而忽略其内心的痛苦。

经过近五个月的辅导、治疗，小Z不再恐惧异性，能够和异性正常交往，而且开始穿起了裙子，且积极参加集体组织的各项活动，走路时也敢昂首挺胸了。

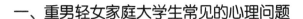

一、重男轻女家庭大学生常见的心理问题

（一）自我认知偏差

1. 低视自己或蔑视男性（女大学生）

在重男轻女家庭中成长的女大学生，自幼可能经常遭受贬低与忽视，家庭资源需要优先分配给男孩，女孩在学业、兴趣培养等方面得不到应有的支持，且常被批评不如男孩聪明、能干。长期处于这种环境，她们容易形成低自尊的心理，对自己的能力和价值产生深度怀疑，内心深处认同了家庭给予的"女性不如男性"的错误观念，在面对挑战时往往缺乏自信，不敢尝试新事物，甚至会主动放弃一些发展机会，认为自己注定无法取得成功。而另一部分重男轻女家庭的女大学生可能极度蔑视父亲、父权，并将这种对父亲的恨投射到其他男性身上。她有可能成为激进的女权主义者，但是只是享受压制男性的过程。如果成长中缺乏正确疏导，可能会在这条路上越陷越深。

2. 过度自负与压力（男大学生）

与之相反，被家庭过度偏爱的男大学生虽然看似处于优势地位，但也面临心理问题。他们承载了家庭过高的期望，被视为家族的希望与荣耀。比如，家庭在经济上全力支持男孩的学业与社交活动，要求他们在各个方面都要出类拔萃。这使得他们常常处于巨大的压力之下，害怕辜负家人的期望。同时，过度的宠爱也可能导致他们形成过度自负的性格，认为自己天生就该享有特权，在与他人的交往中可能表现出傲慢、不尊重他人的态度，一旦遭遇挫折，其自尊心会受到极大打击，可能陷入自我怀疑与消沉。

（二）情绪管理困难

1. 焦虑与抑郁（女大学生）

女大学生由于长期在家庭中得不到平等的对待，内心压抑了大量的负面情绪。她们可能会为自己的未来担忧，比如担心在就业市场上因性别歧视（受家庭观念影响，她们可能更敏感）而处于劣势，或者在婚姻中也遭遇不公平对待。这种长期的心理压力容易引发焦虑情绪，表现为过度紧张、不安、失眠等。严重时，可能发展为抑郁，对生活失去兴趣，情绪低落，甚至产生自杀的念头。例如，一些女大学生在面临学业压力的同时，一想到家庭对自己的不重视以及未来可能面临的困境，就会陷入深深的绝望之中。

2. 情绪波动大，易暴躁（男大学生）

男大学生在重男轻女家庭中习惯了被特殊对待，当他们进入大学这个相对平等、多元的环境时，可能会遇到各种挑战与挫折。例如，在学习成绩上不再名列前茅，或者在社交关系中不再是中心人物。这时，他们的情绪容易出现剧烈波动，可能会因一点小事就大发雷霆，表现出暴躁的一面。这是因为他们无法接受自己不再像在家庭中那样"优越"的事实，这种情绪失控可能会影响他们的人际关系，使他们在同学中逐渐被孤立。

（三）人际交往受阻

1. 社交退缩与敏感（女大学生）

女大学生可能因家庭经历而对人际关系缺乏信心。在家庭中，她们没有得到足够的爱与尊重，可能会使其认为在其他社交场合也不会被他人真心接纳。例如，在宿舍生活中，她们可能会过度在意室友的看法，害怕自己的言行会引起他人不满，从而表现得小心翼翼、沉默寡言，甚至主动回避社交活动。这种社交退缩不仅影响她们的大学生活质量，也不利于她们未来的职业发展和个人成长，使她们难以建立起广泛而深入的社交关系。

2. 自我压抑与退缩（女大学生）

重男轻女家庭中的女性可能会过度压抑自己的天性。她们看起来跟没有遭遇性别歧视的女生没什么区别，但是她们无法直视自己的欲望，喜欢自我压抑，面对感情，尤其是爱情的时候十分退缩。她们想极力摆脱家庭，却总无法真正地脱离，对于原生家庭会付出很多，试图从中获得关心和肯定，在此期间，她们会选择忽视和压抑自己的欲望，并将家庭的欲望当成自己的欲望。

3. 支配欲与冲突（男大学生）

男大学生在家庭中养成的优越感可能会延伸到校园人际关系中。他们可能会不自觉地对他人表现出支配欲，希望在团队或朋友关系中占据主导地位。例如，在小组作业中，他们可能会强行推行自己的观点，不顾及其他成员的意见，这容易引发与同学之间的冲突。而且，由于他们习惯了被家人迁就，在与他人发生矛盾时，往往缺乏妥协和沟通的能力，进一步恶化人际关系，导致他们在校园中难以建立和谐、稳定的友谊。

（四）家庭矛盾尖锐

1. 怨恨与疏离（女大学生）

许多女大学生对重男轻女的原生家庭存在深深的怨恨。她们对父母的不公平对待感到愤怒，尤其是当看到兄弟在家庭中享受更多特权时。这种怨恨情绪可能会导致她们与家庭关系的疏离，不愿意与家人沟通交流，甚至在经济独立后也很少回家探望。例如，一些女大学生在大学期间拒绝接受家庭的经济援助，以此来表达对家庭不平等对待的不满，这种家庭关系的破裂对双方都会造成情感上的创伤，也影响了家庭的和谐与稳定。

2. 依赖与纠结（男大学生）

男大学生虽然在家庭中得到更多宠爱，但也面临着家庭关系的压力。他们一方面依赖家庭的支持，另一方面又对家庭过高的期望感到疲惫与纠结。例如，他们可能会为了满足父母的虚荣心而选择自己不喜欢的专业或职业道路，内心却充满矛盾与痛苦。而且，他们在处理与姐妹的关系时也可能存在问题，家庭资源分配不均可能导致兄弟姐妹之间的隔阂与矛盾，使他们在家庭关系中处于一种复杂而尴尬的境地。

二、重男轻女家庭大学生心理问题的影响因素

（一）社会因素

在重男轻女阴霾的笼罩下，社会宛如一个巨大的染缸，其中蕴含的诸多因素悄无声息却又深刻地渗透进大学生的心理世

界。社会的文化传统、价值导向以及舆论氛围等，如同重重丝线，与家庭内部的重男轻女观念相互交织、缠绕。这些社会因素推波助澜，加剧着大学生因性别偏见而产生的心理创伤。

1. 传统性别刻板印象的束缚

社会长期存在的重男轻女传统观念深入人心，家庭作为社会的基本单元，不可避免地受到这种观念的影响。这种观念认为男孩拥有更强的能力、更高的智慧和更重要的社会地位，而女孩则是柔弱、依赖的存在。家庭在这种文化氛围的熏陶下，将刻板印象内化并应用于子女的教养中，进一步强化了学生的心理问题。例如，在一些地区，女孩被认为不需要接受高等教育，而应早早嫁人，这种观念严重阻碍了女孩的自我成长与自我实现，也给她们带来了巨大的心理压力。

2. 社会比较与舆论压力

重男轻女家庭中的学生在社会环境中也面临着来自外界的比较和舆论压力。当他们看到周围家庭对男孩女孩平等对待，或者社会上倡导性别平等的价值观时，会更加深刻地意识到自己家庭的不正常。女孩可能会因为自己在家庭中的地位而感到自卑，在与同龄人交往中缺乏自信。男孩也可能会因外界对这种家庭模式的批评而产生羞耻感，同时也担心自己无法达到社会对男性的期望，这种社会比较和舆论压力加剧了他们的心理困扰。

（二）家庭教养模式的偏差

家庭中的观念传承、资源分配、角色定位以及成员间互动模式等诸多方面，犹如一双无形之手，肆意拨弄着大学生内心深处那根敏感的情感琴弦。在重男轻女家庭的独特生态里，每一个言行举止、每一次期望落差、每一回资源倾轧，都如同一颗颗心理问题的种子，深深埋入大学生的心田，或令其在自卑与自我否定中挣扎，或使其在自负与重压下难以喘息。

1. 资源分配不均

在重男轻女家庭中，物质资源如教育资金、生活条件改善等往往倾向于男孩。这种资源差异使得女孩在成长过程中感到被忽视和不公平对待，从而影响她们的自信心和自我价值感。男孩看似受益，但也面临着巨大压力，担心失去这种特殊待遇，进而产生焦虑心理。

2. 情感忽视与过度宠溺并存

女孩在家庭中常常遭受情感忽视，父母对她们的关心、鼓励和陪伴较少。长期的情感漠视让女孩内心缺乏安全感，怀疑自己的人格与能力。相反，男孩被过度宠溺，他们的错误容易被包容，需求无条件被满足，这导致男孩形成以自我为中心的性格，缺乏同理心和挫折承受力，在面对外界的正常挑战时容易心理失衡。

3. 角色榜样与期望差异

家庭为男孩和女孩设定了截然不同的角色榜样和期望。男孩被期望成为家族的顶梁柱，承担经济责任和社会地位上的重担，这种过高的期望使男孩在成长过程中时刻担心自己无法达到标准。女孩则被期望成为家庭主妇，在学业和职业发展上得不到应有的引导和支持，限制了她们的个人发展空间，使她们在面对现代社会的多元选择时感到迷茫和无助，从而产生自我否定的心理。

（三）个体认知发展的困境

重男轻女的家庭环境与社会背景交织的大网之下，个人的性格底色、自我反思与调适能力、对性别差异的主观认知和内化程度等，都在这场与家庭和社会压力的博弈中发挥着独特作用。

1. 早期自我认知的扭曲

在重男轻女家庭中成长起来的学生，其早期自我认知往往是扭曲的。女孩由于经常被贬低和忽视，会认为自己天生不如男孩，这种错误的自我认知会影响她们的一生。她们在学习、社交等方面都缺乏主动性和自信心，不敢追求自己的梦想。男孩则在过度夸赞中形成了不切实际的自我认知，认为自己无所不能，当遇到实际困难无法解决时，就会产生严重的心理落差，陷入自我怀疑和沮丧之中。

2. 归因方式的错误导向

家庭环境也影响了学生的归因方式。女孩倾向于将自己的失败归咎于自身的性别和能力不足，而忽略了外部环境的不公平因素。在学业竞争中失败，女孩可能会认为是自己不够聪明，而不是因为家庭没有给予足够的支持。男孩则将成功归功于自己的性别优势和天赋，而不是努力和机遇，这种错误的归因方式使得他们在面对挫折时难以正确分析原因，调整策略，从而加重了心理问题。

第二节　重男轻女家庭学生心理问题调适

　　"重男轻女"思想是私有制和父系制的产物，是封建社会典型的落后文化。从1956年我国经过"三大改造"消灭封建主义的经济基础，确立社会主义基本制度至今，我国的文化建设取得了长足的进步，很多封建主义的落后文化得以消除，其影响也有所减弱。而"重男轻女"现象有所缓和是从总体上来讲的，随着近些年我国经济社会的快速发展，妇女的社会地位和受教育程度都得到了很大提高，重男轻女的思想对城市的影响已经越来越弱。但在我国的一些农村地区，当前仍然存在着比较严重的重男轻女现象。通过对重男轻女思想的深入分析发现，这种思想对家庭中无论男孩还是女孩都存在负面影响，那么我们应该如何改善呢？

一、社会层面

　　依据社会生态系统理论（Bronfenbrenner，1977），优化大学生所处的社会支持生态子系统，包括拓展社会人际关系网络，提供专业心理援助资源，增强社会政策对该群体的保护性因素，有利于缓冲家庭重男轻女压力源对大学生心理的冲击，促进其心理适应与自我修复机制的激活，从而达成心理问题的有效调节与心理健康水平的提升。

（一）媒体与舆论引导

媒体应发挥积极的社会影响力，通过多种渠道如电视节目、网络视频、社交媒体等，传播性别平等的价值观和理念。例如，制作以女性成功故事为主题的纪录片或系列报道，展示女性在各个领域的卓越成就，打破传统性别刻板印象。同时，利用社交媒体平台发起性别平等话题讨论，鼓励大众分享自己的观点和经历，引导社会舆论形成尊重性别差异、倡导平等的氛围。这样可以让重男轻女家庭的大学生在更广泛的社会环境中感受到性别平等的思想潮流，有助于他们重新审视自己的家庭观念，增强自信心和自我价值感。

（二）文化活动推广

举办各类文化活动，如性别平等主题的艺术展览、戏剧演出、文化讲座等。艺术展览可以展示以性别平等为主题的绘画、摄影作品，直观地传达平等的视觉形象；戏剧演出通过生动的表演展现不同性别角色在社会中的平等地位和相互协作；文化讲座邀请专家学者深入讲解性别平等的历史发展、社会意义以及对个人成长的影响。这些活动能够在潜移默化中改变社会大众的性别观念，为重男轻女家庭的大学生提供更多接触先进性别理念的机会，使他们在文化的熏陶下逐渐摆脱家庭带来的心理阴影。

二、家庭层面

家庭成员之间，特别是父母子女间的亲密交往与情感沟通，直接影响儿童的身心健康、认知水平与社会化程度，以及儿童成长后形成的各层次人际关系。亲代与子代的情感交流，有利于亲代与子代的人格塑造和身心健康，有利于家庭关系和谐，更有利于社会的稳定。但从学术研究与中国现实情况来看，农村家庭的亲子关系模式中，亲子间的亲密度低、亲子依恋不强、亲子交往频率低，在情感投入上，农村父母对子女的关爱有不平等性，表现为有明显的偏爱现象。重男轻女从传统形式上来看，包含偏爱与优待。

（一）改变传统观念，强化男女平等

家庭角色期望与定位应摒弃性别刻板印象。不应给男孩设定单一的"家族顶梁柱""事业主导者"的角色模式，也不能将女孩局限于"家庭主妇""辅助角色"的框架内。鼓励男孩参与家务劳动，培养他们的家庭责任感、细心与耐心等品质；同时支持女孩追求职业梦想，发展领导才能和独立精神。在家庭决策过程中，给予男孩和女孩平等的发言权与决策权，例如家庭重大事务的讨论与抉择，如购房、投资、家庭活动规划等，都应充分听取和尊重双方的意见与建议，让他们感受到自己在家庭中的价值与地位是平等的，不受性别的左右。

在教育资源分配上务必做到一视同仁。无论是男孩还是女孩，都应享有同等的接受优质教育的机会，不能因性别而限制女孩获取知识、发展技能的权利。家长应认识到，女孩和男孩一样具有无限的学习潜力和创造力，她们在学业上的努力与成就都值得被认可与支持，通过平等的教育资源分配，为孩子们的未来发展奠定坚实且公平的基础。情感关怀与表达要毫无差别。家长不能因性别而对孩子的情感需求区别对待，无论是男孩还是女孩，在面对挫折、压力或喜悦、成功时，都渴望得到父母的理解、安慰、鼓励与分享。对女孩的情感世界应给予更多的关注与呵护，帮助她们建立自信与安全感；对男孩也不应压抑其情感表达，教导他们正确认识和处理情绪，通过平等的情感互动，让孩子们在充满爱的家庭环境中健康成长，避免因情感忽视或过度宠溺导致的心理问题。

（二）家庭转型与女性的自我实现

首先，要进行家庭权力结构的重塑。传统重男轻女家庭往往以男性或长辈的意志为中心，在转型过程中，需建立平等协商的家庭决策机制。无论是家庭重大事务如房产购置、子女教育规划，还是日常琐事如家庭开支安排、家务分工等，都应给予女性充分的发言权和参与权，通过这种方式逐渐打破男性主导家庭决策的固有模式，使家庭权力结构更加平衡与民主。其次是家庭角色认知的转变。摒弃将女性仅仅定位为家庭照料者的陈旧观念，重新定义家庭成员的角色与责任。男性应更多地承担起家庭事务中的一部分，与女性共同构建家庭的温馨与稳定。这不仅减轻了女性的家庭负担，也有助于男性更好地理解家庭的多元价值，促进家庭关系的融洽。最后，家庭应鼓励女性在家庭之外追求个人事业与兴趣爱好，认可女性在职业领域和社会活动中的角色与成就，形成家庭角色多元化、平等化的新认知。

对于女性而言，教育是开启自我实现之门的关键钥匙。重男轻女家庭应摒弃对女性教育的轻视态度，全力支持女性接受完整且高质量的教育。从基础教育到高等教育乃至职业培训，为女性提供与男性同等的资源与机会。女性通过教育获得知识、技能与思维能力的提升，从而在社会中参与竞争与发展。

此外，女性的自我实现还体现在个人兴趣与精神追求的满足上。家庭应尊重女性在艺术、文化、体育等方面的兴趣爱好，鼓励她们参与相关活动、加入社团组织或进行自我创作等。通过这些方式丰富女性的精神世界，提升她们的自我认同感与幸福感。

三、自我层面

重男轻女是一种观念，并且这种观念一旦形成则很难改变。面对父母根深蒂固的认知，应该坚持自己内心的想法，努力寻求自我的改变。有时资源上的偏向不仅体现在代际转移上，也体现在代内转移中，家庭内部资源分配的模式可以概括为"从女儿身上索取的更多，可以给予儿子的就更多，自己将来能收获的也更多"。现代社会即使有许多重男轻女思想的受害者，但他们最终也同样沦为这种思想传播的帮凶。从小备受打压的"扶弟魔"，成年后甚至会为了继续帮扶娘家，不惜牺牲核心家庭的利益。因此，从自身出发，积极寻求改变是至关重要的。

（一）适当地情感远离，有原则地付出

在重男轻女的家庭中，大学生要把自我保护放在首位。在付出情感和精力时，要考虑自己的承受能力。在家庭互动中，如果发现家人的行为可能会给自己带来心理伤害，如贬低自己的成就或者过分抬高兄弟的地位，要懂得适当减少自己在互动中的参与度，避免过度消耗自己的心理能量。其次，对于自己的时间、金钱和精力等资源，要有原则地进行分配。不能因为家庭的压力或者传统观念，就无限制地为家庭付出，尤其是当这种付出得不到公平对待时。在帮助兄弟解决问题或者为家庭事务操劳时，要衡量自己的付出是否合理，是否会影响自己的正常生活和个人发展。如果发现自己的付出没有得到尊重或者被认为是理所当然，要学会调整付出的程度。最后，在家庭关系中学会明确自己付出的条件。在与家人沟通或者互动时，可以提出自己的合理期望，如希望得到平等的对待、尊重自己的选择等。如果家人能够满足这些条件，那么可以适当地增加情感和实际的付出；但如果家人继续秉持重男轻女的观念，忽视自己的需求，那么就要坚定自己的原则，减少不必要的付出，直到家庭关系有所改善或者自己能够更好地应对这种情况。

（二）学会接纳自己，实现精神独立

大学生要勇敢地承认家庭重男轻女现象的存在及其对自己造成的影响，这包括意识到家庭在资源分配、情感关怀、期望设定等方面的不公平对待。不要试图回避这些痛苦的回忆，而要将它们作为自我认知的一部分，明白这些经历塑造了自己独特的性格和心理状态，但并不代表自己是没有价值的。接受自己可能因家庭环境而产生的情绪反应，认识到自卑、愤怒、委屈等情绪是在特定情境下自然产生的，不是自己的缺陷。当由于家庭原因在某些场合感到自卑时，不要自责，而是告诉自己这是长期家庭环境导致的正常反应，然后尝试去理解和接纳这种情绪，而不是压抑或否定它。学会深入挖掘自己的优点、特长和潜力，尽管家庭可能没有给予足够的鼓励，但要通过自我反思和实践探索发现自己的闪光点，坚信这些能力的存在和价值。

专注于自己的学业和职业发展，将其作为实现精神独立和自我价值的重要途径。在学校努力学习专业知识，争取优异的成绩，为未来的职业发展打下坚实基础。在职业选择上，遵循自己的内心意愿，争取能够让自己成长和满足的工作。培养自己的兴趣爱好和精神追求，并以此丰富自己的内心世界，提升自己的精神境界。

第八章　重组家庭

在当今社会的家庭结构万花筒里，重组家庭作为其中独特而又复杂的一种形式，日益成为我们关注的焦点。当婚姻经历波折与重塑，两个原本各自有着家庭轨迹的成年人选择携手开启新的生活篇章时，一系列微妙且深刻的变化悄然展开。对于重组家庭中的大学生而言，他们站在青春成长的十字路口，内心世界犹如一片波涛起伏的海洋。他们带着原生家庭破碎的记忆碎片，又要面对新家庭环境带来的陌生与磨合。一方面，对亲生父母往昔关系的纠结与对新家庭成员的适应相互拉扯；另一方面，在学业追求与社交融入的道路上，家庭结构的特殊性如影随形，或在他们的心理深处投下自卑的阴影，或引发他们对情感归属的深度迷茫，又或是在人际交往中因家庭话题而陷入敏感与不安，他们像是在两种家庭文化碰撞浪潮中的孤帆，内心的困惑、焦虑、失落与期待相互交织。

我国作为小农经济在历史上长时间占据主要位置的传统国家，改革开放之前民众的思想相对传统和闭塞，对于婚姻家庭组合以及解散重组自由度的要求较低，所以改革开放前学术界对于离异以及重组家庭子女的研究甚少。随着改革开放进程的持续推进，民众对于生活质量的要求越来越高，投射到婚姻家庭方面，表现为家庭成员对婚姻质量的要求也越高，其社会中婚姻的低维持度以及家庭重组的高发生度促使离异与重组家庭的子女成为社会的重要人群，随之而来的是离异与重组家庭子女频发的心理问题。

第一节　重组家庭大学生常见心理问题及影响因素

重组家庭是指家庭中至少有一位配偶结过一次婚，且多数情况下会带有以前婚姻中的一个或多个子女与继父（母）共同组成的再婚家庭。谈及再婚家庭，在我国传统文化的影响下，主要形式是夫妻中的一方死亡，另一方进行再婚的家庭形态，但是在现代社会，家庭发生再婚的主要原因和离婚挂钩。此外，根据重组时有无子女进行分类，重组家庭大致可以分为三类：两个配偶都有子女、一方配偶有子女、配偶双方都没有子女；根据重组家庭的婚姻经历分类，可分为两个配偶都有过婚姻记录和其中一方有过婚姻记录。研究表明（张春泥，2017），如果一个重组家庭的孩子正处于青春期，那么他发生越轨行为的可能性相对较大，也更容易踏入犯罪领域。但同时也提出，重组家庭对子女所产生的消极影响也并不是完全无可挽回，还是具有可逆性的。因此，对于重组家庭青少年的心理问题应该多加关注，以防长期的心理困扰引发抑郁等心理疾病，甚至出现自残、自杀等极端行为倾向。

案例

　　小D进入咨询室后一直低着头，情绪低落，手搓着衣角，个性沉默，手腕处有轻微伤口。小D自述，自己从高一开始有失眠的症状，最近一个礼拜以来失眠加重，几乎每晚都失眠，睡不着。母亲经常说教，导致母女二人关系紧张，心理距离拉远。她开始心情低落，觉得自己不被父母喜欢，有被抛弃的感觉。

　　小D自述，母亲和奶奶是自己最亲的人，但最近和母亲之间出现了嫌隙，且母亲和继父经常吵架，每当这时，小D就把自己关在黑暗的房间里，抱住自己，内心恐慌。而且母亲对自己的说教有时会升级为辱骂、责备，常常数落她的不是，小D觉得自己无论做什么，母亲都认为是错的，自己得不到母亲的接纳和理解。且自己与弟弟（继子）关系不和，发生过争执，觉得父母总是偏袒弟弟。她产生过"他们才是一家人，自己只是这个家庭的局外人"的想法。

　　小D自述高二时，自己有过两次自伤行为。她用刀片割自己的手腕部位，但没有生命危险。最近，自她和关系比较好的朋友也发生了矛盾，有了隔阂，这对本来就敏感、压抑的小D来说是不小的打击，严重地影响了小D的情绪。小D性格较为内向，有难过、委屈等情绪时，都是自己默默承受，不愿意跟人倾诉。辅导员发现她最近两个礼拜上课走神，情绪低落，成绩下滑，并从其他学生那了解到她最近两周有自伤自残行为，便主动关心并询问她，她才跟辅导员倾诉，并在辅导员的建议下来到心理咨询室。

其他人陈述：据小D母亲反映，小D在家中性格沉默，经常把自己关在房间里，很少主动跟家人交流，做事拖拉，喜欢玩手机，总是跟弟弟"计较"。

案例分析

个人原因：小D性格内向、敏感，不善于表达自己，也不擅长主动倾诉和与他人沟通。家庭原因：小D自幼亲生父亲过世，母亲再婚重组家庭，这样的家庭背景让小D有很强的不安全感。与继父的儿子关系紧张，父母的争吵以及母亲对她的训斥，让小D在家庭中感觉不到温暖，内心少有亲情支持。不合理的信念：她觉得自己是家里的"局外人"，不属于这个家，"我是多余的""我是没用的""我是被抛弃的"。不合理的认知导致其不能客观评价自己以及自己与周围人的关系，自我评价较低。

与朋友发生隔阂的危机：小D由于自身性格原因，朋友不多，最近朋友之间的友谊破裂对她来说是不小的打击，小D觉得自己又丧失了一份关爱，社会支持系统缺失。通过与其同学及对其本人的访谈交流了解到，小D目前的主要躯体症状是失眠、容易累，情感反应有抑郁、焦虑等，认知方面有糟糕化、绝对化等不合理信念，行为方面表现为退缩、回避家庭成员、不信任他人等。

根据以上分析，小D知、情、意统一，自知力完整，无幻想、妄想等症状，排除精神疾病的可能；情绪行为问题有一定的现实原因和依据，没有明显的躯体化症状，排除神经症和神经症性的问题。小D存在非理性认知，缺乏情绪管理的方法，出现失眠问题，应该给予重视，由于其存在自残行为，有伤害自己的风险，因此应打破保密原则，在征得小D同意的情况下，将其存在的风险性告知其家人，且需要及时进行心理危机干预。

非结构化访谈方向：

其一，调整不合理信念：小D存在"所有人都不关心我""我做什么事妈妈都不满意""在这个家我做什么都是错的"等不合理信念，利用情绪abc理论分析，通过举例或画图的方式，帮助来访者辨别自己的绝对化、糟糕至极等不合理信念及由此导致的消极情绪。引导来访者对不合理认知进行辩驳，重建合理信念，进而保持良好情绪。

其二，发现并重建资源系统：通过例外问句、假设问句及赞许赞美等方式，引导来访者积极寻找自身的优势资源，探寻合理的情绪处理方式。比如，针对小D

觉得家庭氛围冷冰冰、回到家里的感觉很难受、只想自己待在房间里等情况，询问她觉得跟自己最亲近的人是谁，探寻小D身边的积极资源，由此找到支持系统。在询问她妈妈有没有做过让她觉得温暖或者觉得被关爱的事，她回答有。来访者表示，自己有自残行为是因为跟母亲争吵后，想用这样的方式平复自己的内心。用赞许和肯定来发掘小D的积极优势和成功经验——热爱篮球，高中曾是校队成员，在打球的时候感到心情会变好等，尝试帮助来访者找到更为合理的宣泄情绪的方式，来代替自我伤害的行为。

其三，评估并破密：在得知小D存在自残行为后，及时联系家长对于非结构化访谈而言至关重要，在征求小D的同意之后，可以邀请小D母亲来到学校或进行线上的沟通交流，向其讲述小D的现状——情绪低落，有自伤行为。并用理解的语言去支持小D母亲表达自己的想法，放下心中的芥蒂。让其明白她对小D来说很重要，是其非常依赖的家人，小D现在内心也非常痛苦，非常需要得到母亲的关心。

一、重组家庭大学生常见的心理问题

（一）家庭归属感弱

首先，重组家庭大学生来到新家庭之前，一般是跟随父亲或母亲或其他监护人一起生活，而来到新组建的家庭后，除了自己的母亲或父亲是熟悉亲近的人以外，原来的成员结构、生活方式、沟通习惯、教育方式、资源分配与人际关系等家庭因素都发生了重大改变，这种差异陌生感会使他们提高警惕，不轻易与他人接触，生活会更加孤独。因此，当其跟随父亲或母亲来到一个不熟悉的家庭时，会在很大程度上产生不喜欢、陌生疏离感，由于不适应新的家庭生活，甚至会激发自身的叛逆心理，导致自己排斥新家庭。其次，重组家庭容易出现亲子或兄弟姐妹关系疏离紧张的情况。在未进行家庭重组之前，大多数家长会很关注自己的孩子，孩子也会在很大程度上依赖自己的父亲或是母亲，家庭成员间关系相对紧密，而在组建新的家庭后，父亲或母亲的关注度会转移到新的家庭中，进而忽视子女的成长。此外，重组家庭的兄弟姐妹之间少数人会友好相处，多数人之间关系较为冷漠，或者会为争取父母关注度而竞争，甚至会因其他不可调和的原因而产生激烈的矛盾，从而加剧他们对新家庭的排斥，家庭归属感降低。

（二）缺乏信任感，人际敏感

一方面，重组家庭大学生存在交往心理过于保守，对外界防范意识过强的问题。随着父亲或母亲来到新的环境，在结交朋友时会缺乏信任感，容易将自己在新家庭环境中与继父母或继兄弟姐妹之间的误解、冲突或隔阂投射到其他社交关系中，在与同学、朋友相处时，他们总是小心翼翼，害怕被伤害或背叛，很难敞开心扉去建立深厚的友谊。另一方面，重组家庭大学生往往在人际关系中表现得敏感、多疑，对他人的评价过度在意，很难与他人建立起亲密、信任的关系，在集体生活中往往有较强的孤独感。

（三）情绪不稳定，自我认同感较低

情绪管理对于重组家庭大学生而言也是一大挑战。他们会担忧在重组家庭中的地位是否稳固，担心自己的言行会引发新家庭成员之间的矛盾或不满，焦虑情绪时常涌现。这种过度的焦虑可能会影响到他们的睡眠质量、饮食习惯等，进而给身体健康造成负面影响。同时，抑郁情绪也较为常见，重组家庭大学生可能对生活缺乏热情，对未来感到迷茫和无助。家庭环境的变化使他们失去了部分原本的情感依托，而新家庭的融入困难又让他们难以获得足够的情感支持，这种情感上的落差容易使人陷入长时间的消极情绪状态，严重时可能出现轻生的念头。在自我认同方面，他们可能长期处于纠结与困惑之中。由于家庭结构的改变，他们会不自觉地将自己与原生家庭和重组家庭进行对比，认为自己与其他完整家庭的孩子有所不同，进而产生低人一等的感觉。这种自我否定可能导致他们在学业和社交等诸多场合中缺乏自信，不敢充分展现自我，总是害怕犯错或被批评，甚至会回避一些能够提升自我的机会，使得个人成长与发展受到限制。

（四）自信心不足，心理调适能力弱

重组家庭大学生因家庭结构的特殊变动、自信心不足致使心理调适能力薄弱，在诸多方面表现出明显的困境，面对生活挫折时，更容易陷入自我否定的深渊。一次小小的失败，如考试失利或与室友的短暂摩擦，都会被他们无限放大，认为是自

己的过错，是自己不够好才导致问题的发生。他们很难像自信的同龄人那样，迅速从挫折中振作起来，积极寻找解决办法，而是陷入长时间的沮丧和焦虑，不断质疑自己的价值和能力，无法有效调整心态去应对生活中的各种挑战，心理压力如同雪球般越滚越大，心理调适能力愈发微弱，严重影响着他们的身心健康与个人发展。

二、重组家庭大学生心理问题的影响因素

（一）社会因素

长时间以来，社会上对于重组家庭的青少年大多秉持消极的态度，但凡提及重组家庭的字眼，社会大众都一致会想到"问题少年"，就算不是问题少年，也会认为重组家庭大学生在很多方面是逊色于普通家庭大学生的，这样的固化思维为重组家庭大学生套上固有的偏见印象，而且这种观念可能会让重组家庭大学生感觉自己低人一等，承受外界偏见带来的心理压力。此外，社会对重组家庭大学生心理健康问题的关注不够全面，缺乏足够的心理辅导等支持机构和资源，使他们遇到心理问题时难以及时获得有效帮助。

有的重组家庭大学生所在区域缺少文化建设，没有互助友爱、温馨文明的社区环境；还有的缺少专业的社会工作者与专门的心理咨询室，使得重组家庭大学生在面临不适应时，无法寻得专业的帮助与支持；此外，还有的地区缺乏相关文化宣传活动，居民不了解社区环境的重要性，也缺乏拉近邻里关系的相关活动，邻里之间互不相识，使得大学生只能局限于家里沟

通，特别是重组家庭污名化，导致部分家长更加排斥，不让自家孩子与他们交往，这更加剧了重组家庭大学生对社会生活的不适感，进而影响他们社会适应能力的正常发展。

（二）学校因素

学校是人们从家庭走向社会的媒介，其重要性不言而喻。但就目前来看，学校对于重组家庭大学生的关注可能还不够，他们跟随父亲或母亲来到新的学校，陌生的学校环境会增强他们的防卫心，这在一定程度上会影响他们的适应情况，学校的学风与教学安排也会影响其适应力。而当重组家庭大学生在校园中遇到人际交往方面的问题时，学校也未发现并加以及时干预，无疑不利于消极情绪的及时疏解，重组家庭大学生人际交往障碍程度的加深成为可能。此外，重组家庭大学生均表示，不愿被他人知道自己的家庭情况，然而学校在进行统计调查以及家庭情况核对的时候，对于学生的隐私保护做得不够到位，常常导致重组家庭大学生的家庭情况被周围同学知道，他们本就情绪敏感、自我封闭，面对这种情况，消极情绪自然也会加重，从而增加内在的防御性。与此同时，普通家庭中的学生难免也会有一部分人对重组家庭及其子女存在错误认识，难免会用有色眼镜看待他人，从而致使重组家庭大学生对周围同学产生更重的同辈疏离感，进一步产生和加重人际交往障碍。

（三）家庭因素

对于大多数人而言，家庭都伴随他们的整个社会化历程，所以相对于其他社会化机构而言，家庭的作用是最重要的。在我国有许多父母离婚的案例，其中也存在一些父母只顾自己的利益，因而失去对子女的关心及爱护；更有甚者借机在孩子身上发泄自己的烦恼，严重伤害孩子的身心健康。而在家庭系统理论（Broderick，1993）视角下，家庭问题及冲突的根源存在于家庭成员之间的互动，因此改善关系的关键是互动问题的突破和解决。

重组家庭中普遍存在家庭关系复杂的问题，大学生可能会在情感上难以适应，出现矛盾心理，进而对继父母的认同感缺失，和继兄弟姐妹间存在竞争关系或情感隔阂。其次，重组家庭还存在沟通不畅的问题，比如有些学生可能对新的家庭规则不满，但没有渠道来表达自己的想法。而家庭成员之间若不能坦诚地交流，大学生内心的困惑、焦虑等情绪也无法得到释放。此外，重组家庭还可能因为经济、情感等问题产生矛盾冲突，而这种紧张的家庭氛围会让大学生缺乏安全感，更易产生焦虑、抑郁等消极情绪。

（四）个人因素

1. 自我效能感缺失

自我效能感（Bandura&Wessels，1997）这一理论是由班杜拉提出的。他认为，自我效能感是指个体对自己是否有能力完成某一特定行动所做出的预测和判断，这种预测和判断包含个体对自己采取某种行动的自信和信念。当个体预测到某一行动可能失败，则该行动不会被个体所选择；相反，若个体预测到该行动极大可能会获得成功，那么该行动则会被选择和激活。人们在日常生活当中无时无刻都发生着对行为的预测和选择，自我效能感的存在直接影响着人的具体行动。

由于家庭背景和生活环境的重建，重组家庭大学生对于自己无法阻止家庭变故的发生这一点会促使其在某种意义上认为自己是没有能力的，并将这种"无能力"的认知转移到生活中的其他方面，这其中就包括学校中的人际交往。这样的消极情绪和认知潜移默化地影响着主体对行为的选择，使其逐渐认为自己是"天生的失败者"，并最终丧失自我效能感。此外，特殊的生活经历和不稳定的家庭环境使他们心思更加敏感，对自己缺乏信心，对自己未来的人生及周围环境持消极态度，不容易相信他人，缺少信任感与安全感。

2. 交际能力缺失

角色扮演是一种社会行动，也是一种社会互动。米德的社会自我理论（Mead，2015）认为自我乃是社会经历的产物，其中学习扮演他人角色是自我发展的关键。首先，由于重组家庭的子女易自我封闭、主动与外界隔离，他们与他人、社会始终处于沟通不顺畅的状态，进而导致其角色扮演不合格。其次，家庭重组中新成员的加入可能使大学生无法适时调整好自己的新角色，而这种角色扮演的失败可能会造成他们和新的家庭成员，乃至自己原来亲人之间的矛盾。在学校里，由于缺少与老师、同学的有效沟通，他们在学生这个角色的扮演上也是不合格的。由此推断，他们平时也不会扮演朋友、邻居、陌生人等角色。这将进一步导致个体在情绪化、精神紧张、心理敏感压抑等问题的困扰下，仍不愿意向外界敞开心扉，且习惯把自己放置在一个密闭的空间里。他们安全感极低，害怕受到伤害，以为独处就会使自己拥有足够的安全感。此外，出于父母的补偿心理，他们在日常生活中往往会被安排好一切，或因父母无心管教，未能掌握洗衣服、打扫卫生等基本生活技能，进而影响自身在集体生活中被接纳的程度。

众多事实表明，重组家庭大学生的确缺乏某些交际能力和技能，他们对于人际交往并不是非常抗拒的状态，他们有着想要进行顺利交往并且拥有良好人际关系的愿望，但是缺乏人际交往能力与技巧的现实状况又常常使他们陷入"心有余而力不足"的尴尬境地，进一步加剧了自卑、敏感的消极情绪，影响其身心的健康发展。

3. 认知存在偏差

对于重组家庭的子女而言，他们缺少来自外部环境的积极正确的引导；而在家庭中，又属于亲生父母失败婚姻的受害者，再加上自己心态的失衡，最终可能导致对客观现实的认知出现偏差。比如，父母离异后，有的子女认为是父母毁掉了自己原本平静的生活，是他们剥夺了自己像其他孩子一样正常成长的权利，所以对父母带有敌视态度，和父（母）进入新的家庭后，对父母的管教不听甚至反抗；有的子女习惯自己以前一家人的生活，对于新进入的家庭成员有排斥心理，主动将自己视为与这个家庭无关的人；有的子女因为上学等原因生活在异地，长期与父母缺少沟通，而当重组家庭诞生新生命后，子女面对着集万千宠爱于一身的弟弟妹妹，不公平感和嫉妒心理油然而生，对于父母的教育置之不理，甚至认为父母对自己的教育是错误的，自己总是被亏待。

4. 被剥夺感过盛

对子女来说，重组家庭就意味着有一个完全陌生的人出现在家庭当中，且与自己的父亲或母亲表现得过度亲密，自己的爸爸或者妈妈，在身份上变成了"陌生人"的配偶。这让大学生在情感上产生了被剥夺的感觉，从而极易出现不稳定的情绪，进而排斥异性、拒绝沟通，诱发孤独感、不信任感，陷入人际交往的困境。此外，重组家庭大学生跟随父母来到新的家庭，多数父亲或母亲会分散和转移部分精力到新家庭中去，导致与孩子的沟通减少，再加上两代人的价值观念与沟通方式可能存在不同，易产生隔阂感，使子女认为自己是不重要的，从而加重其心中的被剥夺感。特别是有继兄弟姐妹的家庭，如果家长无法妥善处理好他们之间的关系，将会影响家庭关系的健康发展。

第二节　重组家庭学生心理调适

如今，大学生已成为社会重点关注的群体。近年来，大学生心理健康问题是高校工作的重点，而影响大学生心理健康的因素是现阶段的研究热点，针对大学生的心理健康教育和价值观教育势在必行。大量研究表明，随着家庭的重组，各方面的问题也迎面而来，尤其是生活在重组家庭中的孩子，他们性格孤僻、敏感、不善言谈、易冲动，有些孩子甚至出现了危害社会的行为，如偷盗、暴力犯罪等。而每一个重组家庭由于其本身所具有的特性，子女生活在其中，社会化过程受到不同的影响，社会化的结果也各不相同。因此，找出现象背后的原因，再提出建设性的建议，将帮助更多重组家庭大学生走出社会化困境。

案例

　　小H是大二的学生，他性情比较暴躁，与同学关系疏远，与家人关系紧张，在母亲重组家庭后有过自残的行为。在小H的记忆中，从他开始懂事时爸爸妈妈就没有长期和睦地生活在一起。在他7岁时，父母离异，他由妈妈带着生活。虽然生活不易，但是和妈妈也是相依为伴、心里满足。两年后，妈妈重组家庭，开始时，继父以及继父那边包括爷爷奶奶在内的亲人对自己还是很好的，可是好景不长，一年后随着弟弟的降生，整个家庭爱的重心明显转移到了弟弟的身上，小H受到了很多的冷眼，有时即使忍气吞声也避免不了继父的责骂，在这样的情况下，小H变得叛逆，他恨不得一夜长大，然后逃离这个水深火热的"家"。看到儿子在这个重组的家庭里生活得这么艰难，爱子之心强烈的母亲毅然带着小H离开了，从此又开始了母子相依为命的生活。但此时的小H已不再像母亲重组家庭之前那样听妈妈的话了。

　　小H自述在弟弟降生后，继父把对自己仅有不多的爱也全部倾注到了弟弟身上，对自己几乎都是责骂，甚至有一次自己不小心弄伤弟弟以后，继父一家直接让自己滚出这个"家"，这句话让他非常难受，本就觉得自己融入不进这个家庭，现在更是肯定了这种想法，并从此开始自暴自弃。后来母亲发现了自己的变化，带自己离开了那个家，可能是出于对自己的愧疚，妈妈对自己几乎是百依百顺，但自己心里还是无法理解母亲的做法，同时对母亲目前的境遇也深感愧疚，认为是自己才导致母亲一直无法拥有一个正常的家庭，长期的矛盾冲突导致小H出现了自残的行为。

案例分析

我们可以从小H的经历和表现中看出，父母离异已经给小H的精神世界蒙上了一层阴影，随后由于继父等亲人的错误行为，重组家庭的悲痛经历又再次给小H的心理造成了严重的阴影，而这些阴影已经影响了他的性格和人生轨迹，而他薄弱的自制力又无法及时帮助自己端正人生态度、消除心理阴影，再加上母亲一味的迁就和宠爱，最终导致小H的心理状态出现问题。

鉴于重组家庭子女可能存在严重的自我封闭和自我保护意识，辅导员在开展工作之前首先要和他们搞好关系，并主动与家长沟通和交流，掌握学生的基本情况。其次，在和他们聊天的过程中不能完全站在父母的一方，以说教者的身份来对话，而是要设身处地地站在他们的立场上交流，以此来消除他们的戒备心理、换取他们的信任。在开展工作时，辅导员老师首先要通过之前掌握的有关重组家庭子女的信息来打开他们的心结，让他们敞开心扉，说出内心的困扰，这是解决他们心理问题的第一步，也是关键一步。之后可以让他们接触、了解一些身处逆境而坚韧不拔的人物和事迹，让他们相信自助者天助，给予他们精神动力。最后可以在父母、老师和同学的配合下，帮助他们逐渐走出阴影，培养健全的人格，这是一个漫长的过程，不能操之过急。

一、社会层面

在当今多元化且快速变迁的社会大舞台上，家庭结构的重组早已不再是罕见现象，越来越多的大学生正带着重组家庭的独特"印记"穿梭于校园与生活之间。对于重组家庭的大学生而言，其所蕴藏的内心波澜绝非孤立地在家庭之内荡漾，而是在社会的广袤天地中被不断放大、折射。深入探究社会因素对重组家庭大学生心理调适的重要性，恰似点亮一盏航标灯，为他们在复杂的情感海域寻得方向、找到归依。

对于重组家庭大学生而言，应主动寻求并建立社会支持网络。具体而言，大学生可以参加一些社会组织或团体活动，如心理成长小组、志愿者团队等。在这些团体中，能接触到不同背景的人，分享彼此的经历，获得情感上的共鸣和支持。特别是在心理成长小组中，重组家庭大学生可以和自己有相似家庭经历的成员交流应对心理压力的方法。此外，重组家庭大学生还可以利用专业心理咨询服务来缓解和改善心理压力，很多社区或者高校都设有心理咨询中心。大学生可以充分利用这些资源，定期和心理咨询师沟通，并在专业人士的引导下，深入探索自己的情绪和心理问题，学习应对负面情绪的有效策略。

二、家庭层面

家庭是孩子成长与发展的基本环境。然而，近年来我国离婚率不断上升，离异家庭孩子的管理问题也逐步成为社会化问题。对此，作为家长，特别是重组家庭家长，要重视经营好现有的家庭，要担负起自己的社会责任，同时还应不断加强自身的道德修养，学习和掌握与孩子沟通交流的基本方法，采用科学的教育方法，倾听他们的烦恼，化解他们的忧虑，以文明的谈吐举止、乐观的态度、高尚的情操、进取的精神感染子女，并在良好的家庭氛围中促进孩子健康人格的形成。

重组家庭代际互动关系最显著的问题就是关系的失衡以及多方面的拘束。多数子女在进入新家庭后只与亲父母一方或在后续的相处中与继父母一方紧密互动，甚至有子女在家庭亲子互动中成为被隔离的单独个体。在此情况下，家庭很难形成温馨、自然的氛围，子女在其中极有可能体会到失落感、孤独感和拘束感，以至于难以建构家庭归属感，而要改变这一境遇实际上需要多方力量的突围。因此，从家庭方面我们应该做到以下几点。

（一）陪伴孩子，加强情感沟通

与普通家庭相比，重组家庭的孩子经历了原生家庭的破裂、新的家庭重组、陌生人闯入生活等一系列变化，这会让他们感觉自己得到的爱不再完整，进而心理受到创伤。如果在重组家庭中，继父母不对继子女投入感情或是投入不足，不与孩子进行充分的感情交流和互动，那么双方的情感就会更加疏离，关系更加敏感脆弱，也会导致继父母在对孩子进行教育时缺乏说服力。因此，继父母需要多多给予重组家庭学生陪伴与关怀，增加日常沟通与家庭活动，密切家庭之间的关系，培养与孩子间的信任感，增强他们的安全感。此外还应特别注重他们与继兄弟姐妹之间的关系，父母需要引导孩子形成正确认识，在日常生活中对待孩子也要一视同仁，并引导孩子正视现实，让孩子了解原生家庭破裂的真相，得到孩子的谅解。同时，继父母应该和孩子多互动交流，多陪伴孩子、了解孩子，教育时宽严适度，让孩子慢慢接受自己，接受新的家庭。

（二）家长目标一致，形成教育合力

在重组家庭中，可能会发生多种教育观念碰撞的情况，包括对孩子爱的方式不一致、对孩子表达情感的方式不一致、隔代与父母对待孩子的教育态度不一致等。在这种情况下，生父母一方不仅自己要担负起孩子的教育重任，也要调动配偶参与家庭教育的积极性，使夫妻形成合力，共同养育子女，才能使家庭教育发挥最大的作用。除此之外，家长应该主动学习儿童心理问题的产生及对策等相关知识，并积极配合学校教育，让老师了解孩子在生活中的表现，及时了解孩子的心理状况，并对孩子已经出现的一些心理问题有比较全面的把握，进行针对性的心理疏导，尽量减轻重组家庭的不利因素带给孩子的消极影响，帮助孩子成长为一个积极乐观、充满正能量的人。

因此，对于重组家庭的父母而言，应该在教育孩子的问题上达成一致，为孩子创设一个良好的成长环境。同时，亲生父母与继父母之间应积极加强沟通与联系，共同承担起教育孩子的义务。此外，无论是日常生活问题还是教育问题，双方父母都应该站在孩子心理角度制定具有针对性的教育方案，并采用多种有效方式充分了解孩子心里的真实想法与观点，共同交流经验和感悟。对于继父母而言，应做到一视同仁，这样可以从内心深处消除与孩子的隔阂，并让孩子感受到爱和呵护，使他们慢慢学会接受、学会包容、学会理解。

（三）和孩子平等对话，不要一味批评指责

尊重是教育的最高原则，没有尊重就不可能实现真正的教育。在重组家庭中，继父母更需要和孩子平等对话，多听孩子的意见，尊重孩子的权利，不要给孩子下定义，更不要轻易评价孩子。当孩子犯错时，不能一味批评指责，要站在孩子的角度去看待问题，孩子犯错有可能是他不知道这样做是错的，家长应该晓之以理，动之以情，通过耐心沟通告诉孩子怎样做会更好。只有和孩子平等对话，建立了良好的感情基础，教育孩子时才更有发言权。重组家庭的孩子自尊心较强，需要家长站在孩子的角度维护孩子的自尊，而中国式家庭父母往往喜欢将自己的孩子与他人家庭的孩子做比较，本来重组家庭的孩子就较为多疑和多愁善感，如果贸然加以比较，不仅会进一步使重组家庭孩子丧失自信心，还会增加孩子的负面情绪，不利于孩子的健康成长。这就需要重组家庭家长善于维护孩子的自尊心，并积极塑造良好的家长形象，从而逐渐消除孩子的负面情

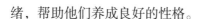

绪，帮助他们养成良好的性格。

（四）理解和欣赏孩子，言传身教引导孩子

理解是不加评判地体会孩子内心真正的想法，欣赏是一种信任和肯定，也是一种激励和引导，促使孩子健康地成长和进步。只有理解和欣赏孩子才能走入孩子的内心世界，架起沟通的桥梁。特别是在重组家庭中，继父母更要懂得欣赏继子女，多发现孩子的亮点，多肯定孩子。不要总是挑剔孩子，给孩子过高的要求，以"都是为了你好"为名去绑架孩子，给孩子施加压力。一旦有了压力，孩子就会认为继父母是在难为自己，从而造成误会和曲解。而且，家庭教育主要是通过父母言传身教来影响孩子，使孩子在耳濡目染中学会生存技能和发展个性。孩子待人接物和发泄情绪的方式其实也是家长的缩影，当孩子犯错或者有极端行为时，不能盲目地严厉批评孩子，更不能动手，避免加重孩子的叛逆程度。特别是在重组家庭中，继子女在意继父母的看法，想得到继父母的关注，就更容易倾向于模仿继父母的行为。所以继父母更加责任重大，要言传身教为孩子树立榜样。

（五）尽量平等对待亲子和继子

如若重组家庭学生与继兄弟姐妹产生矛盾，家长需要及时介入处理，防止矛盾扩大。继父母还要做到公平地对待双方的孩子，不要偏袒自己的亲生子女。非独生子女在很多方面比独生子女心理健康状况更差，更容易出现心理问题。在很多重组家庭里，男女双方各带一个孩子，组成四口之家，这样的家庭在处理子女教育问题上更为复杂。如果继父母偏袒亲生子女，忽略继子女，就容易导致孩子间的敌视，造成家庭冲突，严重时还可能酿成家庭悲剧。如果继父母为了避免家庭矛盾，各自教育和照顾自己的孩子，互不干涉，这种方式虽然表面上有利于避免由情感倾斜引发的家庭矛盾，但是实际上容易导致家庭成员之间情感疏离，从而引发更大的家庭矛盾。所以，继父母要做到公平地对待双方的孩子。同时，抓住机会拉近重组家庭学生与继兄弟姐妹间的关系，在日常生活中，增加家庭交流与活动的机会，给予他们一个充满爱的家庭氛围。

（六）挖掘子女的能动性，激发其主体意识

以往许多研究都将家庭中子女的问题和亲子关系的冲突归结为亲代教育不当或照顾不周，因此通过转变和改善教养方式便可以解决问题。实际上，子女作为被动进入家庭的成员，应当被视作建构代际关系的主体，尤其是拥有未成年子女的家庭，若想在重组后建构良好的代际关系，不仅需要子女自身具备主观能动性，也需要父母双方共同挖掘其能力和情感，形成新的家庭联结，恢复正常的家庭功能。

子女的主体性首先应该体现在家庭关系认同上，家庭成员都有对新家庭的适应过程或是认同障碍，但是子女的认知水平普遍还未发育完全，对关系的认同相比父母更加困难，虽然家庭的症结需要通过关系重建来支持，但是在家庭共同生活的进程中，亲子关系的建立往往并不会如同理想概念一般井然有序。因此在家庭重组之初，家庭成员尤其是成年的父母就应该有意识地去规避某些问题的出现，甚至在家庭重新组建之前，亲父母和继父母就应该为子女建立代际信任感做准备。父母离异或其中一方的离世等家庭变故会带来巨大的伤痛，使原有的代际关系出现断裂，在此之前子女在原生家庭内建立的身份角色认同也会同时出现断裂。子女进入新家庭生活的过程，不仅是新的代际关系建构的过程，也是对原生家庭代际观念和角色认同重构的过程。因此，重组家庭关系建构的开端和主体都应该是让未成年的子女对家庭成员和代际关系由一个从断裂到模糊适应再到认同的过程。此外，子女的主体性还应该体现在"独立意识感"上。虽然重组家庭的代际关系最初的呈现是一个不平衡的三角，作为其中"一角"的子女，既可能成为关系趋向平衡的支撑点，也可能成为关系倾斜的撬动点，要想避免平衡和倾斜的主观性和随机性，应该使家庭每个成员都拥有家庭角色的独立意识感，而这一点对重组家庭子女来说更为重要，因为只有接受自我，才能够与他人建立关系。具体而言，子女作为家庭成员不仅仅认为自身的角色是"某个人的孩子""某个人的继子"，而是拥有独立意识和富含社会性的个体，这种"独立意识感"也正是子女们提高自我分化水平、进行自我实现的途径，能够帮助家庭中的个体摆脱彼此伤害的纠缠，进而尝试建立新的代际关系。

二、个人层面

与一般家庭子女追求民主、平等的亲子关系，且希望能够和父母之间拥有紧密的情感互动不同，重组家庭的子女更希望获得一个"平常化"的家庭代际互动关系体验。这个"平常"指的是，在家庭中被父母当作自然的家人，不需要刻意地讨好，也不被故意地冷落，在与父母相处的时候不会有处处提防的紧迫感和小心翼翼的尴尬感。在新家庭中，由于继父母和新生儿的出现，原有的家庭代际关系被打破，子女更加渴望拥有安全感和被需要的感觉，以证明自身并非婚姻的牺牲品和新家庭的附属品。因此在重组家庭中，亲父母一方的关怀是子女归属感的重要来源，在许多子女心中，继父母是否符合期待远不如亲父母一方对自身持续性的陪伴来得重要，重组家庭的子女在归属与情感的需求上，渴望一份平常化的亲子关系来营造舒适、自然的家庭生活氛围，这也对新家庭中的父母提出了新的要求。

此外，在重组家庭的场域中，子女迫切地需要寻求自主性，他们不仅仅需要情感和陪伴，也需要自尊和被尊重。许多青少年从父母离异起，就被动地选择父母其中一方作为监护人，之后又被动地进入重组家庭，久而久之便积累起了强烈的被迫感。在懵懂中经历家庭的解体和组合后，伴随而来的仍然是被动接受继父母和家庭的其他新成员。在此过程中，子女被尊重的感觉可能被压制也可能被逐渐削弱，出于强烈的自尊心，子女希望在代际关系中脱离被动，获得平等权或主动权。例如，子女尤其不希望被强迫称呼继父母为"父亲""母亲"或"爸爸""妈妈"，父母这一类强迫性的行为反而会增加子女自身对亲子关系的厌恶感，导致其更加难以建立对新家庭的代际关系认同，即使是年纪较小的子女，仍然希望父母能够在离异、决定监护人、再婚乃至再生育时征求自身的意见，或至少有知情权。子女在自尊和被尊重的需求层面，表现出了非常强烈的自主意向。在这些思想的影响下，重组家庭大学生也应

积极实现自我转变。

（一）善于与外部环境联系，通过沟通推动平衡

依据布朗芬布伦纳的生态系统理论（Bronfenbrenner，1977），个体处于一系列相互嵌套且彼此影响的生态环境之中，对于重组家庭大学生而言，其身处家庭微系统和学校中系统以及社会大系统的交互网络中。原生家庭的破裂与重组已然改变了家庭微系统内的关系结构、角色模式和情感氛围，这一变动极易打破他们内心原有的心理平衡。然而，当他们积极融入外部环境时，便能从更广阔层面汲取心理养分。在学校系统中，可以通过同学关系和师生情谊构成新的情感联结。其中，可以运用社会支持理论中的"同辈群体支持"，与同窗好友倾诉家庭烦恼，朋友基于相似的年龄和经历，能给予共情反馈，分享应对家庭变故的类似感受与办法，宛如提供情绪"缓冲垫"，缓解因重组家庭带来的焦虑、孤独等负面情绪。而师生互动则凭借教师的权威角色与专业素养，从学业指导、人生规划层面赋予学生稳定感与方向感，强化其应对家庭变化的心理韧性，就像为飘摇在家庭变动"风浪"中的内心之舟，寻得稳固"锚点"。最后还可以投身社会大系统，参与志愿活动、社区聚会等，拓宽视野与社交圈。结合马斯洛需求层次理论（Maslow&Lewis，1987），在满足社交需求过程中，重组家庭大学生能收获归属感，重构自我价值认知。比如在志愿活动帮助他人时，他人的感激、认可满足其尊重需求，转移对家庭问题过度聚焦，可助力内心重拾平衡。

而从人际沟通理论出发可知，沟通是信息传递、情感共享、关系协调的桥梁。对于重组家庭大学生而言，与家庭成员的有效沟通是重塑家庭关系和调适心理的"金钥匙"。在重组家庭初期，因家庭角色模糊及情感纽带待建常现矛盾冲突与误解，引发内心不安。运用"约哈里窗"理论（Luft&Ingham，1961），沟通可拓展彼此"开放区"、缩小"盲区"。大学生主动与父母、继父母坦诚交流对家庭规则、私人空间、情感期待的想法，同时倾听对方心声，能明晰家庭各方边界与需求，化解因未知、误解产生的紧张。像分享校园趣事、日常烦恼，增进情感亲密度，填补因家庭重组可能出现的情感"沟壑"，让家庭氛围从陌生拘谨转向温馨和谐，内心随之安定。而在非言语沟通层面，通过面部表情、肢体动作传递关键信息。心理学研究表明，温和眼神、适时拥抱等非言语信号在亲密关系构建中效能显著。重组家庭大学生给予继父母一个真诚微笑，在父母疲惫时轻拍肩膀，有助于传递接纳友善，收获回应后可强化心理"安全依恋"，稳固家庭情感根基，借沟通之力修复因家庭变动"受伤"的内心秩序，达成心理平衡。

（二）自我觉醒，意识形态转变

重组家庭带来的生活格局变动，往往裹挟着汹涌复杂的情绪浪潮，焦虑仿若密不透风的雾霭，失落恰似冷雨淅淅沥沥，困惑犹如迷宫般让人深陷其中。而自我认知的觉醒可助力大学生重塑家庭观念，重构内心"家庭版图"。过往对家庭的固有认知或许在重组家庭组建的瞬间被冲击得支离破碎，原生家庭那份习以为常的亲密与熟悉被新成员、新氛围稀释。因此，在自我认知的维度上，首先要笃定内心，明晰自身种种情绪反应皆属正常范畴。重组家庭这一家庭结构的转变如同投入心湖的石子，易激起焦虑、失落、迷茫等复杂的情绪涟漪，其实，不必为此陷入无端的自责，亦无需强压这些自然流露的情感。再者，要以开放包容之姿接纳家庭的全新样态，摒弃将其视作对原生家庭简单"取而代之"的狭隘认知，不妨把重组家庭想象成一个爱意与关怀交织、边界悄然延展的温暖圈子，从中汲取更多滋养心灵的养分。而在认知觉醒的过程中，情绪调节恰似驾驭内心之舟的舵手，不可或缺。一方面，积极寻觅契合自身性情的宣泄"出口"，其中运动不失为绝佳良方，当负面情绪如阴霾笼罩，可踏上跑道尽情奔跑或是在篮球场上挥洒汗水，借由肢体的舒展驱散心头郁积的压力；抑或备好一本私密日记，于夜深人静之时，将心底的千头万绪和五味杂陈付诸笔端，在字里行间梳理情绪乱麻，寻得内心的安谧。另一方面，掌握实用的情绪管理"秘籍"，诸如深呼吸法，一旦情绪波澜骤起，觅一方静谧角落，通过舒缓的吸气让清新空气盈满腹部，仿若为心灵注入平和之力，再悠悠呼气，往复数次，情绪的汹涌波涛自会渐归平静。

（三）打开冰封的心门，感受亲情的温暖，促进家庭观念转变

许多子女在父母离异前都经历过冲突、冷暴力等童年创伤，因此对婚姻及家庭的期待度和信任感会大大降低，潜移默化中对重组家庭的代际关系也会抱有排斥感。但处在新关系中并感知情感关系不断上升的温度，也会让子女重拾对婚姻和家庭的美好期待，从何更好地融入重组家庭的代际关系。

依恋理论（Bowlby，1979）揭示，早年家庭变故或致大学生依恋创伤，对新家庭情感疏离。积极情感互动仿佛就是在往"情感账户"里存钱。重组家庭大学生应允许家人靠近内心，随着正向互动的累积，安全感会逐步滋生，冰封的情感在家庭温暖的滋养下也会松动，从抵触肢体接触、情感交流，渐变为自然拥抱、畅聊心事，促使亲情纽带在信任土壤扎根。此外，面对家庭结构巨变，青少年会被焦虑和失落情绪裹挟，难以敞开心扉，根据情绪聚焦疗法（Greenberg，2004）所倡导的正视情绪"信号灯"，重组家庭学生应先承认情绪的合理性。通过组建并参与家庭"情绪分享会"，一家人在周末围坐并分享本周引发情绪起伏的事件，共同宣泄重组家庭身份带来的压力。重组家庭大学生可以借助情绪表达与接纳来卸下心理防备，在同理氛围中感受亲情流动，以此来松动抵触家庭温暖的"坚冰"。

（四）自我实现，全面接纳自己

根据马斯洛对人类需求（Maslow&Lewis，1987）的解读，个体在自我实现上的需求不仅表现为潜能的发挥、理想的达成或对社会的贡献，还包括良好的现实知觉和对自我及环境的全面接纳。就重组家庭的子女而言，有良好的自我知觉和接纳的能力是他们在成长期的重要诉求，自我知觉不健全的个体更容易在现实与理想不一致时难以自洽，从而产生严重的焦虑、抑郁和恐惧情绪，良好的自我接纳者则能够在面对自身和生活中的不足和缺憾时，不因内在和外在而感到愧疚和羞耻，而可以接受现实并宽恕他人的欠缺和失误。重组家庭的子女需要这种能力来接纳父母婚姻的过失、家庭的伤痛，也需要足够的勇气和能力去接纳新的家庭关系和生活，对自我全面的接纳既包括对来自不完美原生家庭自我的接纳，也包括对不完美父母和家庭系统乃至扩大的外界评价的接纳。

（五）增强理性意识，认识亲子关系的实质

许多重组家庭之所以难以建构良好的代际关系，是因为父母及子女对亲子关系的认知并不够理性和客观。家庭成员往往将实际的家庭情况与理想中或传统的家庭关系对比，因此对继父母难以接受和承认。子女若能够对重组家庭以及亲子关系的实质有更加客观的认识，良好亲子关系的建立也会更加顺畅。作为不同的个体，家庭成员之间价值观、利益导向的不同可能会导致家庭整体难以趋于协调同步，但想要达到价值观和利益的和谐，势必会有许多家庭成员做出自我牺牲或在自我发展做出让步，而良好的互动实际上需要家庭成员之间在价值观、利益上进行持续的理解，同时也是关系和谐同步发展的重要途径。

许多子女在成长过程中并不能理性认识到"父母的不完美"才是常态，亲子关系其实是在家庭场域中代与代之间相互学习且同步发展的关系。在现实情况下，完整家庭中好的父母会让子女更容易成长为身心健全且有才干的成人，但即使是相对完美的理想父母也不能规避其子女经历创伤性的家庭体验。子女在对完美父母的期待下，可能会沉浸在因父母关系破裂、出轨和离异等问题而打破期待的伤痛和矛盾心理之中。在父母产生冲突和矛盾、夫妻情感受损时，有认知能力的子女通常会希望通过自身的力量改善家庭关系，但又不得不无能为力而最终面对家庭的解体和重组，在此过程中子女很容易产生怨恨、自责和无助的情绪，一方面对自己曾经信任的父母产生怀疑，另一方面对自我的能力和存在产生认同障碍，最终形成了对家庭观念和亲子观念的畸形看法。子女应该明白，家庭的意义应当是个体在支持下找到自我，而不是因家庭而否定自我。代际关系也并不是单维度、纵向的，它也会受同辈关系、文化变迁及社会支持等多方面的影响。因此，当家庭出现固化问题时，若想要重构良好的家庭关系，其目的也应包含重构家庭成员更好的自我，而不是牺牲自我来换取家庭和谐。新时代的和谐家庭关系应当不只是表面的和谐，而是家庭成员能够允许差异存在，但仍可以相互支持和包容，并实现个体的最优发展。

（六）学会转化意识，将伤痛化为支持力量

家庭重组对子女来讲是一个新的人生际遇，他们可能因此受伤，也可能因此得到救赎。所以，能够将以往的家庭伤痛转化为支持的力量是建构新家庭良好代际关系的又一关键因素。人们普遍认为家庭的存在是给予个体安全和情感依附的最佳途径，但在现实情况下，许多人毕生的痛苦却来源于家庭和亲人，他们也成为许多儿童和青少年不幸的源头。贫穷、病痛与残疾是子女面临不幸的可预见因素，但是父母的离异和家庭重组一般是子女面临不幸的不可预见因素，父母做出的决定很大意义上能够彻底改变子女的生活进程，家庭重组作为父母的决定行为不仅会带来创伤，也能够在适宜的情况下成为子女获得支持、拯救和保护的途径。

根据艾利斯的理性情绪行为疗法（REBT），个体可以通过改变对事件的认知来改变情绪反应（Ellis，1962）。重组家庭大学生可以尝试识别和挑战那些不合理的信念，如"我的家庭不完整"或"我是被遗弃的"，并将这些信念转化为更积极的表述，例如"我有机会成为两个家庭的一员"或"我可以独立成长"。自我同情（Neff，2003）是一种个体对自我的态度导向，重组家庭大学生还可以通过自我同情来理解和关怀自己的痛苦和不足。比如通过写日记、自我反思或参加自我同情训练来培养对自己的同情心，在自己遭遇不顺时，能理解并接受自己的处境，并用一种友好且充满善意的方式来看待自我和世界。重组家庭大学生可以通过这种认知上的转变来减少负面情绪的影响，增强应对能力。

　　此外，根据目标设定理论（Locke&Latham，2002），目标的明确度和难度是目标设定理论中两个最基本的属性，明确的目标可以使人们更清楚要怎么做，付出多大的努力才能达成目标，因此，明确的目标可以增进个体的行为动机和成就感。基于此，重组家庭大学生可以为自己设定短期和长期目标，并制订实现这些目标的计划，从而将注意力从过去的伤痛转移到未来的可能性上。通过上述方法和理论的应用，重组家庭大学生可以更好地理解和处理自己的情感，将过往的伤痛转化为推动个人成长和发展的力量。

非结构化访谈攻略

高校大学生心理危机的发生以突发性、高度威胁性、结果极具破坏性和传播性为主要特征，同时也给高校老师造成了较大的心理压力。他们不仅要掌握危机干预的专业知识和技能，还要具备迅速判断、处理和协调各种关系的能力。同时，由于辅导员可能同时肩负教师、管理人员等多种角色责任，易与来访大学生或校内员工形成多重关系，保密、知情同意等伦理原则很难真正得以实施，使其容易在危急关头陷入伦理困境。其中，保密是心理咨询专业的基石，是形成信任的咨访关系的必要条件。国内外研究均发现，相较于其他伦理问题，涉及保密的伦理困境则更为普遍和集中，且在针对高风险个体的伦理问题上也不例外。面对高风险情况下的求助者，如何确认其风险程度、是否应打破或何时打破保密、警告他人等问题被学者们反复讨论，并在观点上存在差异。Katrin等（Fabian et al., 2022）认为，面对HIV患者时，心理治疗师应试图引导患者自己去做出是否告知他人的决定，而非直接告知第三方。Gray等（Gray&Harding，1988）则认为在来访者不愿告知性伴侣时，治疗师有必要直接告知其性伴侣或报告有关卫生管理部门。Schlossberger等（Schlossberger&Hecker，1996）的观点更为明确，他们认为治疗师具有责任提醒受非法威胁的人免于危险。但当求助者的危险性是被法律所允许时，治疗师则没有责任直接进行干预。而在打破保密前应先告知来访者本人并且解释法律和伦理依据，以减小对来访者和治疗关系的伤害。在辅导员与学生之间的非结构化访谈中，同样应关注并遵守伦理原则。

心理危机事件是高校心理健康工作中非常重要的话题，不仅一线的心理危机干预工作者对此事关注，高校内各级领导也十分重视。但当前学术界关于高校心理危机的研究仍侧重于心理危机干预和预警体系的健全和如何免责等问题，高校心理危机干预工作者在具体工作中面临的伦理问题却常常被忽略。因此，当辅导员需处理牵连学生生命安全的心理危机事件时，可能处在与家长、心理辅导员、行政领导等多个角色互动的关系中，由于各角色对处理此类事件的角度和观点的不同，难免会遇到许多压力和不知如何处理的伦理困难。虽然目前国内尚无针对辅导员从事心理工作相关伦理困境的专项研究，但针对高校辅导员专业胜任能力和伦理状况的研究发现（王敏和王娟媚，2024），高校普遍存在心理辅导员人手不足，辅导员和其他行政人员承担心理咨询工作等情况，这也导致了工作人员的专业能力不足，专业训练和实践均有欠缺等问题。据统计，有90%的辅导员对自己的胜任能力缺乏信心，专业发展的需求十分强烈。而在双重关系方面，高校辅导员更容易发生是非性的身体接触、为熟人提供心理疏导服务、接受小礼物等情况。还有研究发现（卓潇和姚本先，2013），学校心理工作者对心理咨询伦理呈现出师德化、片面化和轻视化的特点，而知情同意成为"被忽略的伦理"。此外，从事心理辅导的教师在是否让来访者阅读咨询记录、是否能为自己的学生提供督导等方面存在争议。

目前我国高校心理健康服务工作者背景复杂，专业水平参差不齐，人员构成来源主要包括：思想政治工作者

（包括学生工作者，例如辅导员）、医务工作者、心理学工作者。虽有研究反映辅导员的专业伦理执行性较好（赵宏，2014），但也有研究表明辅导员对专业伦理的遵守并不严格（叶绍灿等，2014）。因此，结合学校辅导员从事心理工作需面对的各种伦理冲突议题以及对心理危机的独特性伦理考量，可以初步推测，在高校心理危机干预中其可能面临的相关伦理议题可能包括：保密与预警、知情同意、辅导员从事心理工作的胜任能力、危机当事人的利益、反移情、不同伦理原则的要求（组织伦理与专业伦理的冲突）、转介与结束等等。

第九章　访谈原则和联动机制

G.Caplan认为（Caplan，1964），当一个人面对困难情境而他此前的处理问题方式和其惯常的社会支持系统不能较好应对眼前的困难处境时，可能就会产生暂时的心理困扰，这种较短暂的心理失衡状态被称作心理危机。而心理危机干预是指一种通过调动处于危机之中的个体自身潜能来重新建立或恢复危机爆发前的心理平衡状态的心理咨询和治疗的技术。这种干预技术是从简明心理治疗（briefpsych-therapy）基础上发展起来的治疗方法，目前危机干预已经日益成为临床心理服务的一个重要分支内容。它的目的是解决问题，而非对来访者进行人格矫治。

如果仅仅是心理危机事件发生后进行干预，那么这种干预方式是被动性的，且干预目标多是消除当前症状的。而在大学生群体中，政策以及校园文化倡导的是积极的且具有预防性的心理危机干预，具体包括"预防"和"干预"两方面。教育部办公厅印发的《普通高等学校学生心理健康教育工作基本建设标准（试行）》文件，规定的工作内容涵盖：进行心理健康知识的普及宣传工作；通过新生心理健康状况普查、心理危机定期排查等途径和方式，及时发现学生中存在的心理危机情况；对有较严重心理障碍的学生予以重点关注，并根据心理状况及

时加以疏导和干预；对患精神疾病学生的康复及康复后情况予
以关注和跟踪。对有较严重障碍性心理问题的学生，应及时指
导其到精神疾病医疗机构就诊；对有严重心理危机的学生，应
及时通知其法定监护人，协助监护人做好监控工作，并及时将
学生按有关规定转介给精神疾病医疗机构进行处理。转介过程
应详细记录，做到有据可查。因此，辅导员在非结构化访谈中
应坚持访谈原则，必要情况下及时启动六级联动机制。

第一节　访谈原则

　　非结构化访谈是高校辅导员工作的重要内容，在与学生面
对面深入交流的过程中，可以辨析问题所在，引导学生深入思
考并进行自我探索，帮助学生寻找可能的解决办法。在此过程
中，辅导员有机会深入学生心灵，触及他们内心的真实感受。
深入访谈中辅导员应理解学生需求，掌握谈话技巧，提高自身
能力，建立起与学生的信任关系，帮助他们度过人生中迷茫和
困惑的阶段。由于抑郁症学生敏感、脆弱的人格特质，在与其
进行访谈时要坚持"七不"原则。

一、不诊断原则

　　辅导员在与学生谈话时，要拿事实说话，以事实为准，
不随意做诊断。一方面体现出心理工作的科学性，即在面对学
生提出的困惑时，应以人文关怀为出发点，在条件允许的情况

下，帮助学生实现其合理、正当的诉求，这也会在一定程度上促进谈话的顺利进行。对于暂时不能解决的问题，也应以事实为准，诚恳地向学生说明情况，引导、教育学生，使其明白任何诉求的实现都要以事实为基础，在现实的范围之内达成目标。另一方面也体现出辅导员工作的科学性，只有全面掌握信息，愈加了解事实真相，谈话才能更加贴近学生内心，这也为完成一次成功的谈话打下良好的基础。此外，以事实为基础还应表现在就事论事，不随意妄下结论，既要把握原则性，又要有灵活性。比如，抑郁症在当下已经是全球普遍的心理疾病，人们对抑郁症的认知水平显著提高，因此在访谈过程中，一旦感受到同学情绪低落就容易给其贴上抑郁症的标签，但实际只有医院的专科医生才具备诊断的资格，所以访谈中切记随意下诊断，譬如：我感觉你好像有抑郁症；你的症状符合抑郁症……

二、不扩散原则

在非结构化访谈中，不扩散原则是指在访谈过程中，辅导员应避免将访谈内容泄露给无关的第三方，以此保护被访谈学生的隐私和信息安全。具体表现为辅导员必须确保访谈内容的保密性，不得在未经被访谈学生同意的情况下，将访谈内容随意透露给其他人，包括同事、朋友或家人等。同时，辅导员还应尊重被访谈学生的隐私权，不将被访谈学生的个人信息和访谈中分享的敏感信息用于其他目的，除非法律要求或有明确的同意。而在访谈过程中，辅导员应采取措施保护访谈记录的安全，包括纸质记录和电子记录。在记录和分享访谈结果时，应避免使用可以识别被访谈学生身份的具体信息，以减少信息泄露的风险。值得注意的是，辅导员应承担起保护被访谈学生信息的专业责任，因此即使是在访谈结束后，也应继续遵守不扩散原则。

三、不教导原则

在非结构化访谈中，不教导原则要求辅导员保持客观和中立，避免使用引导性提问和非言语性暗示，以确保被访谈学生能够自由、真实地表达自己的想法和感受。辅导员应尊重被访谈学生的回答，即使这些回答与自己的预期不符，也不应试图引导被访谈学生改变观点。同时，辅导员需要避免因个人期望而产生的期望效应，确保访谈的公正性。辅导员的主要任务是倾听和理解被访谈学生的观点，而不是教导或指导他们。在被访谈学生讲述时，辅导员应避免打断，允许被访谈学生自然地表达，然后再适时引导回到主题。因为通过这种方式，辅导员可以收集到更真实、更深入的资料，同时保护被访谈学生的隐私和信息安全，确保访谈结果的可靠性和有效性。具体体现为辅导员在与学生的谈话中，应从尊重学生人格这一基本点出发，满足学生渴望受到尊重的心理需要；在谈话过程中，辅导员可能会发现学生观点比较片面、看法比较偏激，这时辅导员不能急躁、生气，不要打断学生的讲话，更不要得理不饶人，一心只想驳斥对方，这样会置学生于非常尴尬的境地。要从尊重学生的角度出发，关心、信任学生，耐心地让学生把话说完，对其所讲内容进行筛别并加以引导，这样不仅可使学生全面地认识整个事件，还能促进学生的接受程度。古话曾说

"未经他人苦，莫劝他人善"，人生经历的不同会让我们对同一事件产生不同认知，长期的消极错误认知同样难以被说教性语言化解，因此不应在访谈中出现：你应该体谅父母，学会放下……

四、不轻视原则

与学生谈话时，耐心的倾听可以起到良好的辅助作用，耐心倾听是有修养和有人格魅力的教师应具备的基本素质。在实际工作中，不论是辅导员主动与学生谈话，还是学生来找辅导员谈话都是有某种原因或是主题的，不管谈话过程中发生什么情况，辅导员都应该耐心听完，并在此过程中体现出老师对学生的包容性，不能表现出不耐烦，不能听到半点其他意见就对学生冷眼相待。辅导员在和学生谈话时应该换位思考，学会运用理性思维，针对不同问题不同情况具体分析，不可一概而论，通过耐心的倾听求得相互认同，建立信任，拉近距离，帮助学生走出思想上的误区。此外，部分学生还可能存在自杀的风险，因此在学生出现自伤、自杀意念及实施计划前，辅导员可以通过签订不自杀承诺书或口头约定的方式进行约束，但是这类约束的实际效果并没有期望中高，因此对于任何一位存在自杀风险的同学都要谨慎对待，不能以签订不自杀协议为寄托，放任自流。

五、不越界原则

在心理非结构化访谈中，辅导员必须严格遵守不越界原则，以确保访谈的专业性和伦理性，同时保护被访谈学生的权益。首先，辅导员应与被访谈学生建立基于促进其成长和发展的工作关系，这种关系应当是纯粹的，即无论是面对面的交流还是通过电子媒介的沟通都不应包含任何亲密的成分。其次，辅导员要清楚地了解多重关系可能对理性判断造成不利影响，以及对被访谈学生福祉构成潜在危险，因此要尽可能避免与被访谈学生发生多重关系。而在多重关系不可避免时，应采取专业措施预防可能带来的影响，例如签署正式的知情同意书、告知多重关系可能的风险、寻求专业督导、做好相关记录，以确保多重关系不会影响自己的理性判断，并且不会对被访谈学生造成危害。同时，辅导员应尊重被访谈学生的价值观和选择，不强迫他们接受自己的价值观或代替他们做出重要决定。此外，辅导员应认识到自己所处的位置对被访谈学生可能产生的影响，不得利用学生对自己的信任或依赖来为自己或第三方谋取私利。

六、不违法原则

不违法原则是指辅导员的非结构化访谈应紧密结合《中华人民共和国精神卫生法》的相关要求，以确保访谈的合法性和专业性。首先，辅导员应尊重被访谈学生的人格尊严和合法权益，不得侵犯其人身和财产安全。在访谈过程中，辅导员必须遵循自愿原则，不得违背学生意志强行要求其进行精神障碍方面的医学检查。其次，辅导员对学生心理状态进行评估时，应依据法律相关规定（只有具有资质的精神科执业医师才能进行精神问题诊断），不得自行进行诊断或治疗。同时，辅导员应保护学生的隐私权，对学生的个人信息及疾病信息予以保密，除非依法履行职责需要公开。此外，辅导员还需注意，精神障碍的住院治疗遵循自愿原则，因此除非学生已经发生或有倾向发生伤害自身或他人安全的行为，否则不得非法限制学生的人身自由。且在访谈中，辅导员还应避免对此类学生实施任何形式的歧视或侮辱。此外，辅导员在发现学生可能患有精神障碍时，应建议其到符合法律规定的医疗机构就诊，而不是自行进行治疗。综上所述，辅导员在非结构化访谈中应严格遵循《中华人民共和国精神卫生法》的规定，尊重和保护学生的合法权益，同时提升自身的法律意识和专业能力，以确保访谈能够合法、合规地进行。

七、不恐惧原则

不恐惧原则是指辅导员在处理学生心理问题时，应保持专业和冷静的态度，并通过正确的方法和流程来应对和解决学生的心理问题，避免因缺乏相关知识而产生不必要的担忧或恐慌。为了遵守这一原则，辅导员首先需要提高自己的专业知识和技能，通过参加专业培训和学习增强对心理问题的理解和处理能力，从而减少因缺乏相关知识而产生的恐惧。同时，辅导员需要与学生建立信任关系，通过耐心倾听、共情和陪伴，让学生感到被理解和支持，减少学生的恐惧和抵触心理，这种信任关系也有助于辅导员更好地了解学生的内心世界，同时也能够减少辅导员因缺乏深入了解而产生的恐慌。此外，辅导员应积极关注和预防学生的心理问题，通过联动工作机制与学校心理咨询中心、专业心理咨询师和家长等多方合作，共同为学生提供支持和帮助，以期减少辅导员工作压力，同时也能够提供更专业的支持，进而降低辅导员因个人能力限制而产生对学生心理问题的恐惧。此外，辅导员还可以通过心理训练和磨炼提高自己的心理素质和应对能力，增强信心和勇气，以无畏的精神克服恐慌心理。比如，就抑郁症而言，在当下已经成为现代社会较为普遍的心理疾病，无论是咨询技术还是专业治疗都已经较为成熟。辅导员对学生应该坚持平等对待的态度，不应对患有抑郁症同学抱有偏见，更不应该因为自己的恐惧，随意劝退患病同学。

第二节　联动预警干预机制

心理危机干预联动机制在高校中扮演着至关重要的角色，其中，三级联动的工作机制"校（心理中心）-院系（辅导员）-班级（心理委员）"已经成为目前高校普遍的危机干预工作模式。这一模式符合学生工作系统的组织架构，但也存在漏洞和不足，容易导致伦理困境的发生。首先，心理委员作为基层的一环，更多的是心理危机信息的发现者和心理健康教育的宣传者，他（她）无法承载心理问题学生的帮助者和心理危机事件的处理者的角色。其次，辅导员由于忙于学生的日常管理和教育事务，工作任务量大，精力很少投入在心理危机工作上，这可能导致心理危机事件信息不能及时沟通。再者，大部分高校普遍存在心理辅导员人手不足的问题，不得不将部分工作分配至其他学校人员，但由于他们有自身的主要工作任务，且不具备充分的胜任能力和足够的精力，能力上和设置上都存在问题。最后，危机干预的对象有时不仅面对个体，还需要面对群体进行工作，这要求辅导员在处理心理危机事件时要投入大量的心理能力和体力，尤其是新踏入工作岗位的辅导员，会感到十分吃力。

一、非结构化访谈中的常见问题

（一）对当事人状况的评估能力不足

对于高校辅导员来说，在进行非结构化访谈时，识别并评估学生的心理状态是一项关键任务。他们需要特别关注那些情况较为严重且可能需要专业心理干预的学生，并及时为他们提供转介服务。尤其当学生在访谈过程中展现出精神障碍症状时，辅导员应迅速识别这些迹象，并确保学生得到适当的专业帮助。目前虽然大多数辅导员都接受过硕士以上的教育，但大部分都是非心理专业的，对于心理危机的严重程度、潜在风险的判断能力比较有限，因此，他们对心理危机的发展变化缺乏预见性、对精神疾病的严重程度判断缺乏准确性，甚至对于心理访谈的一些禁忌了解都较为匮乏，这与他们在入职前没有接受过系统的心理学相关的知识培训有关。且由于辅导员在评估学生心理状况时难以准确识别和评估学生的心理问题，将可能存在对学生心理问题的"误判"或心理帮扶"延迟"等情况。其次，由于专业知识的欠缺，辅导员在非结构化访谈的过程中，容易对突发心理事件感到手足无措、难以胜任。部分辅导员在开展学生心理健康教育工作时，通常采用非结构化访谈的形式，但由于心理问题存在个体差异性，辅导员可能出于工作量大或时间有限等原因，难以对每个学生给予充分的个性化关注，非机构化访谈的内容也较为泛化，缺乏根据不同学生群体的具体需求和问题进行定制化的教育。最后，辅导员在非结构化访谈中的现实困境还包括难以区分心理问题和思想问题，这影响了他们对当事学生自身状况的准确评估。综上所述，辅导员在非结构化访谈中对当事学生的自身状况评估能力不足主要是由于专业知识的欠缺、心理健康教育能力薄弱、工作方式缺乏针对性和创新性等因素造成的。

（二）对当事人周围的社会资源难以评估

在非结构化访谈中，辅导员对当事学生周围社会资源的评估也面临着多重挑战。首先，信息获取的局限性是一个主要问题，因为辅导员通常只能依赖与学生的直接交流来了解情况，而学生的自身认知局限可能导致他们无法全面准确地描述周围存在的各类社会资源，例如亲属的潜在助力或社区提供的特定帮扶等，这使得辅导员难以完整知晓并准确评估这些资源。其次，主观因素对学生的描述有显著影响。学生在叙述时可能会带有个人情绪和偏见，例如，他们可能因为与某个亲属关系不好而刻意淡化其作用，或者过于夸大某些朋友的支持力度。这增加了辅导员甄别真实有效社会资源情况的难度，进而影响对其周围社会资源的客观评估。再者，非结构化访谈缺乏多方验证的环节。与结构化访谈不同，后者可以按照设计好的环节去与家长、老师、社区工作人员等交流验证，而非结构化访谈通常没有既定的严格流程去联系多方核实情况。因此，辅导员仅凭学生一面之词，对于学生所提及的社会资源的实际可利用程度、真实可靠性等很难进行有效验证评估。最后，动态变化考量不足也是一个重要因素。周围社会资源是动态变化的，在非结构化访谈时，很难实时捕捉到这些动态变化情况，辅导员也就难以对当下准确的社会资源状况做出合理评估。

（三）辅导员的危机处理能力不足

在非结构化访谈中，高校辅导员还存在处理学生心理危机的能力不足的问题，主要表现在访谈节奏把控、信息挖掘深度、多元应对预案的缺乏以及资源联动的滞后等方面。许多辅导员在进入工作岗位之前，通常缺乏对心理危机系统的实践技能训练，有的辅导员甚至在入职后没有过渡期，直接开始处理危机事件，导致他们在首次面对前来谈话的学生时感到手足无措。这种缺乏训练的情况使得辅导员在面对情绪激动、言辞急切的学生时，容易被学生的情绪所带动，难以有效地控制访谈节奏，既不能频繁打断以免激化矛盾，也不能任由学生滔滔不绝地宣泄，以免错过关键的干预时机。同时，由于缺乏预设的访谈框架，辅导员的提问往往较为松散，面对复杂的危机情况时，可能只触及表面问题，忽略深层的隐秘原因，如只关注学生挂科而未深挖家庭成员突发重病导致其无心学习的情况，从而导致对危机的严重程度和本质判断失误。此外，辅导员在遭遇学生的特殊反应，如哭闹、沉默抗拒、言语攻击时，常因缺乏针对性预案而难以灵活切换策略，平稳化解危机。在资源联动方面，辅导员在访谈中往往过于专注与学生对话，未能及时整合家校、社会力量，导致危机缓解与解决的延误。在面临学生的要求与常规处理不一致时，辅导员也会感到较难做出决策。

（四）辅导员在非结构化访谈中的情感调适不佳

辅导员在非结构化访谈中还容易出现情感调试不佳的问题，主要体现在易受学生情绪感染、自身压力引发情绪波动、过往经历干扰情绪判断以及缺乏情绪缓冲机制等。首先，辅导员容易受到学生情绪的感染；当学生倾诉家庭重大变故、失恋痛苦、学业绝望等危机事件时，常常伴随着强烈的负面情绪，声泪俱下、悲愤交加。由于访谈没有严格的流程控制，辅导员在全身心倾听的过程中，容易被共情"卷入"，陷入悲伤、焦虑之中，导致自身情绪失控，难以保持冷静和理性，从而影响访谈的引导和问题的剖析。其次，辅导员自身的工作压力也会引发情绪波动；访谈的目的是解决学生复杂棘手的危机，肩负的责任重大，加之日常工作的堆积和学校对危机处理成效的考核，压力如巨石般沉重，在这种压力下，面对学生反复诉说困境、进展缓慢的访谈，辅导员容易感到烦躁，负面情绪在访谈中不自觉地流露出来，影响访谈的氛围和学生的信任。再者，辅导员的过往经历也可能会干扰其情绪判断；如果辅导员曾有类似的危机经历，例如童年时遭遇亲友离世，当学生讲述亲人去世的伤痛时，可能会勾起辅导员的回忆，被过往的情感笼罩，不能纯粹从专业视角剖析学生当前的状况，或者过度同情、急于求成，导致情感天平失衡，偏离访谈的初衷。最后，缺乏情绪缓冲机制也是一个重要的影响因素；非结构化访谈随意即兴，结束时间不定，难以按照节点调整情绪。全程精神紧绷，没有中场"喘息"整理情绪的机会，持续处于紧张、激动等状态，使得不良情绪在访谈全程累积，削弱了辅导员应对和引导的能力，阻碍了危机处理的进程。

二、联动预警干预机制及运用

在当今社会，随着生活节奏的加快和社会竞争的加剧，高校学生面临的压力和挑战日益增多，心理危机事件时有发生。为了切实保障学生的心理健康，高校需要建立起一套完善的心理危机联动机制，以应对可能出现的各种心理危机情况。以下将重点探讨高校心理危机联动机制的构建及相关资源的整合与利用。

（一）六级联动心理危机预警干预机制

六级联动心理危机预警干预机制是一种多层次、全方位的危机应对体系，旨在有效预防、及时发现和妥善处理学生心理危机事件。具体为（图1）：第一级：领导组（学校心理健康教育工作领导小组）；第二级：具体实施管理组（学生处心理健康教育中心）；第三级：二级学院工作组（各学院学生工作组、辅导员）；第四级：后勤保障组（校医院、保卫处、公寓管理中心）；第五级：学生心理工作站（心理委员、班干部、寝室长）；第六级：其他重要力量（寝室室友、同班同学、学生家长等），以期以联动机制建设为驱力，构建心理健康防护网。

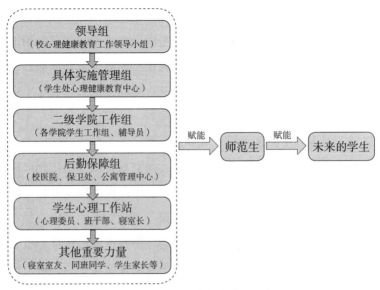

图1　六级联动心理危机预警干预机制

第一级从学校层面出发，校主管领导负责大学生心理危机预防工作，主要是宏观的规划与指导。首先，组建专门的领导小组，由校主管领导挂帅，成员包括学生工作部主管、心理健康教育与咨询中心负责人以及各学院学工办主任等，共同制定和实施大学生心理危机预防工作的总体规划和指导方案。其次，领导小组进一步规划各二级学院的心理危机预防指导方案，确保方案的科学性、系统性和可操作性，同时确定心理危机预防工作的运行机制，包括信息共享、协调联动、应急响应等，以确保在心理危机发生时能够迅速、有效地进行干预。再次，学校提供必要的资金支持，用于心理健康教育与咨询中心的建设、心理健康教育活动的开展、心理危机干预专业人员的培训等，并制定相关政策，为心理危机预防工作提供制度保障。此外，学校还负责整合校内外资源，包括联络心理健康专家、心理咨询师、社会工作者等为心理危机预防工作提供专业支持，并与医疗机构、社区服务等建立合作机制，为学生提供全方位的心理健康服务。最后，学校层面还需对心理危机预防工作进行监督和评估，定期检查各学院心理危机预防工作的实施情况，评估预防措施的效果，及时调整和优化工作方案，确保心理危机预防工作的顺利有效开展。

第二级围绕学生处及学生心理健康教育中心开展，学校心理健康与咨询中心作为校级的心理机构，在大学生的心理危机预防机制中应起着至关重要的作用。具体体现在：心理中心可提供多渠道的心理咨询服务，包括个体线上心理咨询、地面心理咨询和团体心理辅导等，以帮助学生解决心理问题并提升心理健康水平。同时，中心负责开展心理健康教育活动，通过多种媒体形式普及心理健康知识，提高学生的心理自我调适能力。在心理危机预防方面，心理中心每年对新生及其他特定人群进行心理普测，以便更好地了解学生的心理健康状况，并提供针对性的支持。其次，心理中心将配合学院心理辅导站和学生处等部门，建立心理危机转介诊疗机制，及时转介疑似患有严重心理或精神疾病的学生到专业机构接受诊断和治疗。此外，心理中心通过建设和管理学生朋辈心理互助队伍（如心理委员和心理社团），开展日常的心理排查和特殊时期重点摸排；并对辅导员和心理委员定期进行心理健康教育和心理危机干预技能的培训。

第三级是各二级学院学生工作组及辅导员层面。学院学生工作组主要在学校的领导下开展大学生心理危机预防的相关工作，其相应的工作队伍主要由学院有资质的思想政治教师、辅导员和学生干部组成。具体工作主要是定期排查本学院同学的心理异常情况、开展各种特色的心理团辅活动、培训相关人员使其更好地开展工作、宣传心理危机预防的相关知识等等。学院学生工作组对各班级开展心理危机预防工作起到指导和培训的作用，这也是大学生心理危机预防干预机制中承上启下的环节。一方面，学生工作组是在学校心理健康教育中心的指导下建立的，在运营的过程中遇到难以解决的学生情况都可以随时向学校心理健康教育中心求助。另一方面，学院所开展的心理健康活动必须是在学校心理健康中心制定的大方向上根据自身特点有针对性地设置的，或是配合学校要求成为学校系列心理健康活动中的一部分。此外，学生工作组在工作中不仅要协助学校心理健康教育中心开展工作，更要保持与学生工作站的密切联系。学院学生工作组对学生工作站成员有指导和管理的责任。学生工作组应对学生工作站进行定期的培训和考核，培训主题应包括如何有效地开展班级心理活动、如何更好地做好大学生心理关注、遇到突发事件时如何处理和上报等涉及大学生心理危机预防的方方面面。考核通过后，参加培训班顺利结业的学生干部才予以颁发证书并持证上岗，以保证每一位学生工作站成员除了热情，还有能力帮助同学。另外，学院学生工作组还必须审核和指导各班开展的心理活动，保证活动的有效性和针对性。

　　辅导员在学生工作组的宏观调控下，承担着重要的心理危机预防和干预工作。一方面，他们需要结合二级学院的特点，有针对性地指导各班级开展心理健康主题活动，引导大学生建立合理科学的自我评价体系，并掌握情绪调控的方法。同时，辅导员负责对心理委员及寝室室长进行系统培训和管理，确保他们能够有效地履行职责，及时发现并上报潜在的心理问题。另一方面，辅导员在接到心理委员或寝室室长的反馈后，需及时排查危机风险，评估学生的心理健康状态，并在确认存在高危风险时迅速启动多级危机应急机制，对高危风险学生进行及时的心理危机干预。

第四级由后勤管理人员组成。后勤管理人员在心理危机预防和干预工作中发挥着不可或缺的作用。一方面，后勤管理人员需主动配合学生处心理健康教育中心及各二级学院，积极处理危机学生状况的相关工作，关注学生的诉求，并认真落实自身职责。另一方面，后勤管理人员可通过参与学生心理健康预防和维护的培训活动增强对学生心理健康的关注，并提升识别与应对心理问题的能力。体现为：在日常工作中，后勤管理人员无论通过任何途径发现学生存在心理风险，都将第一时间联系学生处及各二级学院进行排查，且对于已处于高危风险状态的学生，他们也将配合心理工作主管部门及学院进行危机处理。

第五级是学生心理工作站。学生工作站是在学院学生工作组的指导下开展活动。一方面，班级心理委员应按要求，每月完成本班的心理舆情采集工作及心理动态的收集和上报工作，以便各学生工作组能够定期、及时了解各班的心理动态和突发事件，进而开展针对性的指导和帮助工作。另一方面，学生心理工作站除了收集学生的心理健康信息，并及时向学院学生工作组汇报以外，另一项重要的工作职责是开展朋辈心理咨询，为本学院学生提供基础咨询服务，并着力提升心理委员和朋辈辅导员对心理问题的发现和识别能力。此外，学生心理工作站还负责本学院学生心理联络员的管理与指导工作，通过对学生联络员心理健康知识的普及宣传教育，培育其良好的心理品质和积极的心理素质，并在发生心理危机事件时，按照有关规定指导联络员学生做好善后工作，重视对心理危机当事人及其相关人员提供支持性心理辅导，最大限度地减少心理危机事件的负面影响。

第六级由寝室、班级及家长组成。宿舍层面的工作和学生心理工作站密切配合。宿舍层面是由各寝室室长作为总负责，班级则由班级心理委员负责，在学生心理工作站的指导下开展工作。具体职责是观察和了解寝室或班级中同学的情绪、行为和睡眠、人际关系等多方面的变化，有特殊情况及时给予关注并汇报至学生心理工作站或辅导员。另一方面，当确定某位同学遇到心理危机时，寝室层面和班级同学的陪伴和关注能确保学生在校时间的安全。而家长在全面了解学生情况后，也应该理性面对孩子遭遇的问题，给予孩子充足的关心与陪伴，特别是孩子处于高位风险时期，应做好陪护工作。

（二）辅导员对联动预警干预机制的运用

大学生应对心理危机不当会产生非常严重的消极影响，这种影响不但对其自身学习和生活以及身心健康造成影响，甚至还会辐射到其舍友、班级同学和家庭。由此可见，大学生心理危机预防工作的成效直接影响到学校乃至社会的和谐与稳定，是高校心理健康工作的重要一环。辅导员是和学生进行直接交流的良师益友。作为和大学生接触最为紧密的群体和心理危机预防过程的主要参与者，在心理危机预防过程中，辅导员对自身职责的把握会直接影响到心理工作的开展。作为辅导员，我们如何更好地利用六级联动危机预警干预机制？

1. 构建心理档案系统以加强大学生个体关怀

大学生个体关怀工作的核心在于心理档案的建立和维护。这些档案应详细记录学生从入学起的心理普查结果、在校期间的心理变化、遭遇心理危机时的上报和处理情况、辅导员的访谈记录、后续的跟进措施，以及心理健康教育中心和学校学生处等相关机构的反馈和处理结果。通过这样的记录，可实现对学生状况的持续关注和跟进，有效避免因辅导员变动或工作内容变化而导致的信息交接失误。

心理档案的建立不仅为学生在学习和生活中遇到的特殊情况提供了可查的档案支持，使得处理措施更加有针对性，而且确保了信息的连续性和完整性。在处理学生的心理问题时，这些档案能够提供关键的历史背景和可能存在的潜在风险，帮助辅导员和心理健康专业人员做出更准确的评估和干预。值得注意的是，在心理档案的建立和管理过程中，为保护学生的隐私权，必须严格遵守保密原则。同时，档案的撰写需要科学、准确、有重点，确保记录的信息既全面又具有针对性。通过这样的心理档案建立和维护，不仅可以记录学生的心理发展轨迹，还为心理危机预警和干预提供了重要的数据支持，有助于预防心理危机，促进学生全面发展。

2. 建立和执行特殊学生的追踪、报告和转介机制

根据学生工作的特点，"特殊学生群体"可分以下三类：

第一类，学业预警、沉溺网络游戏、旷课（等于或大于10个课时）、违纪处分等学生；第二类，留级、复学学生；第三类，心理普查预警对象，人际关系不良，存在明显情绪问题，近期遭遇重大事件（失恋、家人离世等），有自伤或自杀行为（或倾向），确诊（或曾经确诊）为严重心理（抑郁等）或精神疾病的学生。并对特殊学生执行追踪、报告和转介。具体表现：第一步，当辅导员发现学生异常情况后，应及时与学生及学生室友、朋友了解情况。通过与学生本人及其相关同学的了解和谈话，形成《个体学生谈话记录》，并填写《高危学生情况登记表》上交二级院系。第二步，二级学院学生工作组收到辅导员汇报后，首先需要评估该问题的风险性，以及辅导员是否有能力解决或已经妥善解决。如果辅导员没办法妥善解决好学生的特殊问题，就需要由各二级学院学生工作组接手，辅导员协助。如果辅导员能够解决，一方面需要将此情况汇总至二级学院高危学生数据库。另一方面需要监督、指导和协助辅导员做好受关注同学的预防和帮助工作，并形成《个体学生谈话记录》。应急事件处理结束后，需要形成工作总结及学生事件报告，上交至学校心理健康教育中心。第三步，学校心理健康教育中心收到二级学院的情况汇报后，应更新学校高危学生数据库并评估二级学院的处理情况。如果学生情况在学院不能妥善解决或是非心理咨询和个体关注能解决的问题，需要转介至学校的心理健康教育中心，由学校心理健康教育中心接手进行帮助或考虑转介社会的心理卫生机构并填写学生谈话记录。如果各二级学院已经妥善处理和化解了学生的心理危机状况，学校的心理健康教育中心需要监督、指导和协助二级学院完成谈话记录等材料，并进行高危风险学生档案归档。

3. 充分利用资源，积极组织开展心理健康实践活动

辅导员应充分利用并整合内外部资源，包括与心理咨询中心、学生组织、教师及外部心理健康机构等的紧密合作，以及利用在线平台和校友资源。通过设计多样化的心理健康实践活动来增强学生的心理健康意识和应对危机能力。同时，辅导员应将心理健康实践活动纳入学校日常教育体系，形成长效机制，持续关注与跟进学生的心理健康状况，为学生创造一个更加健康、积极、和谐的校园环境。而辅导员积极组织开展心理健康实践活动时，可依循一套逻辑清晰、环环相扣的步骤，充分挖掘资源，搭建全方位心理健康支持体系。首先是开展心理健康教育讲座与工作坊，普及知识，传授自我调节技巧，提升学生对心理健康重视度；接着举办心理健康宣传周、主题班会，营造关注氛围，促进学生分享交流，凝聚班级力量。同时，提供专业咨询服务与书籍资料，助力学生遇困扰时及时求助、自主学习。在此基础上，借助情绪管理训练、户外拓展活动，培养其情绪调节与团队协作能力，增强学生的自信心。并构建同伴支持系统与家庭学校合作机制，筑牢后盾，让学生收获多方助力。最后，开展危机干预培训，强化学生应对紧急心理危机的能力，且在此过程中，主动分享线上线下资源，为学生获取心理支持开辟便捷通道，以此赋能学生从容应对挑战，护航个人成长。

4. 充分发挥心理协会的作用

辅导员可以通过参与心理健康专项培训提升自身心理育人水平，并赋能朋辈队伍，如班级心理委员、学生党团骨干等，

提升他们的相关心理知识和技能。此外，辅导员可以依托心理协会等学生社团开展自助与互助活动，增强同伴支持，融洽师生同学关系。同时，辅导员可以指导学生心理协会定期开展心理健康活动，如心理健康知识讲座、心理剧表演、心理工作坊等，提高学生心理健康意识和心理问题的辨识处理能力。并通过心理协会建立学生心理支持体系，促进同学之间的心理互助和支持，增强学生的心理韧性。此外，辅导员还可以参与心理协会建设，辅助学生建立完善的管理制度，优化管理模式，使心理协会活动开展更为高效。并利用心理协会作为信息收集的前线，通过协会成员观察并报告同学的心理和情绪异常状况为预警系统提供第一手资料。

　　同时，心理委员团队也是发现和应对高危风险学生的前沿队伍，因此在对心理委员进行培训时，应加强大学生心理危机预防意识和技能的普及。其中包含：对常见的异常心理辨析和自杀风险识别等，并教会大家一些简单且基础的应对方式，比如面对抑郁症患者切忌不能采用激将法；察觉到该同学存在自杀风险时，应先稳住其情绪，并及时将情况上报等。

第十章 辅导员非结构化访谈攻略

　　教育部《普通高等学校辅导员队伍建设规定》指出，辅导员应该"经常性地开展谈心活动，引导学生养成良好的心理品质和自尊、自爱、自律、自强的优良品格，增强学生克服困难、经受考验、承受挫折的能力，有针对性地帮助学生处理好学习成才、择业交友、健康生活等方面的具体问题，提高思想认识和精神境界"。辅导员要把这些原则性意见和要求落实在工作中，深刻理解访谈的内涵和特点，并在实践中加以应用，使非结构化访谈真正达到引导学生的效果。

　　非结构化访谈是高校辅导员工作的重要内容，在与学生面对面的深入交流的过程中，可以辨析问题所在，引导学生深入思考并进行自我探索，帮助学生寻找可能的解决办法。辅导员有机会深入学生心灵，触及他们内心的真实感受。非结构化访谈中辅导员应理解学生需求，掌握谈话技巧，提高自身能力，以建立起与学生的信任关系，帮助他们度过人生中迷茫和困惑的阶段。

　　所谓非结构式访谈就是指在具体的访谈过程中，没有预设的问题，而是由来访者提出问题，双方通过谈话逐渐深入事实的内部。谈话中辅导员需要悬置自己的知识体系与立场，通过交谈，进入来访者的日常生活；同时还需要随时保持反思性的观察，以便能够发现和追问问题并做出最后判断。悬置自我意味着暂时放下固有的观念，避免主观干预，让来访者没有防范和顾虑，敞开心扉，吐露真言，从而帮助来访者理清思路，逐渐深入问题的本质与核心，找到解决问题、摆脱困境的办法，一旦他们可以清楚地认识自我，便能够解决自己的问题。对辅导员而言，学生是中心，学生的问题来源于对自我的认识不清晰，并展现出阶段性的迷茫与困惑。如果他们清楚地了解自己的迷茫与困惑所在，对自我有清晰的判断，辅以老师的帮助和指导，他们也会更有积极性和可能性去设法解决问题。

大学校园作为一个多元化的大社区，学生在面对环境变化和不确定性时，他们的自信心、学习动力和目标设定往往会受到干扰。在相对宽松的日常管理模式下，学生适应能力的差异变得更加明显，一些学生可能会在环境变化面前感到迷茫和不知所措。辅导员需要投入时间和精力，通过一对一的面对面交流，为这些学生提供温暖和关怀，帮助他们找到归属感，并建立起信任关系，以促进他们的成长和发展。

鉴于学生个体在发展过程中存在显著的差异，他们关注的问题既有共性也有个性。辅导员在关注学生时，应避免采取一概而论的"批量处理"方式，而应进行个性化的、有针对性的谈话，以解决每个学生的具体问题。这种个别化的交流方式不仅体现了对每个学生的尊重，而且有助于"因材施教"，即根据学生的具体问题进行具体分析，解决他们在成长过程中遇到的个性化差异问题。通过这种方式，辅导员能够更有效地帮助学生应对挑战，促进他们的全面发展。

案例

　　辅导员：小K，我注意到你最近经常不去上课，你在寝室里做些什么呢?

　　小K（沉默半晌）：我没干什么……

　　辅导员：我理解你可能不想谈论这个问题，但我关心你，也担心你。不去上课可能会让你错过很多重要的学习机会。你能和我分享不去上课的原因吗?

　　小K：我就是不想去。

　　辅导员：有时候我们可能会因为某些原因感到不想做某些事情，这是很正常的。你愿意谈谈是什么原因让你不想去上课吗?

　　小K（开始哭泣）：我……我觉得自己很没用，做什么都做不好。

　　辅导员：可是你已经是成年人了，不能一切由着自己的喜好来啊，你知道你的父母知道你旷课逃学是什么心情吗? 你不能这么自私啊?

　　小K小声啜泣。

　　辅导员：怎么一个大男生说你几句就哭了啊，我觉得你肯定心理有问题，你的这个症状应该是得了抑郁症吧。

　　小K继续哭泣。

　　辅导员：哎，算了，我会把你的情况告知如实告诉给你的父母和室友，希望他们平时能多关心你。

案例分析

此案例中，辅导员的初衷是了解小K同学心理的困惑，从而帮助他解决旷课和逃学等学习问题，但是老师的处理方式明显违背了《中华人民共和国精神卫生法》第23条相关条例：

心理咨询人员不得从事心理治疗或者精神障碍的诊断和治疗。

心理咨询人员发现接受咨询人员可能有精神障碍的，应当建议其到符合本法规定的医疗机构就诊。

心理咨询人员应当尊重接受咨询人员的隐私，并为其保守秘密。

案例中的辅导员不仅在谈话中直接诊断小K的问题属于抑郁症，并且在未经小K允许的情况下，将他的情况告知身边的人。据此，非结构化访谈经验大致如下。

理解学生。非结构化访谈是师生的一次互动过程。理解学生是做好非结构化访谈的第一步，肯定他的理想和追求梦想的努力才能得到他的信任。在理解和信任的基础上，辅导员逐渐深入问题背后，发掘令学生感到困惑的真实原因，并为其提供可选择的背景资料和资源。

提供必要的信息。部分受访学生的问题在于学科之间的转换、兴趣的矛盾以及时间节点上的焦虑，需要得到一些信息的支持，辅导员需要向学生传达，他们在不同学科间转换、面对兴趣冲突以及时间管理上的挑战是常见的。为了帮助学生找到适合自己的道路，可以提供一些过往毕业生的选择案例，让他们了解前辈们是如何做出决策的。那些拥有广泛兴趣和才能的学生，他们面临的选择可能更加多样，因此更需要冷静地分析，哪种选择最符合自己的长远发展。作为辅导员，要相信学生有能力从众多可能性中探索并找到自己的答案，这种探索过程与来自他人的信任对于学生的能力提升和自信心建立至关重要。

扩展知识结构。辅导员在与学生互动时，必须具备广泛的知识和深厚的信息积累，以便更全面地理解学生的需求和困惑。例如，当学生考虑将艺术作为职业道路时，辅导员应能够提供关于这一领域职业发展、生活状态和未来前景的相关信息，这样的知识对学生的职业规划具有启发性作用。如果辅导员在特定领域缺乏足够的信息，可能就难以为学生提供深入的指导，从而影响谈话的质量和深度。因此，辅导员在实际工作中应不断积累经验，尊重每个学生的个性差异，并重视他们的个性化发展。通过这种方式，辅导员能更有效地帮助学生成长，引导他们找到适合自己的发展道路。

此外，在与学生进行访谈之前，辅导员有时会给自己设定过高的水平定位，认为自己必须为学生提供有效的帮助，这种"身份预设"可能会削弱他们自身专业角色的重要性，给自己带来不必要的心理压力，进而影响访谈的效果。我们在访谈种一定要注意：

"我不是医生"

辅导员在与学生的交流中不应承担医生的角色，他们不需要具备改变学生心理状态的能力，也不应试图对学生的心理状况做出诊断。每个辅导员都有自己的专业领域，重要的是在自己的能力范围内提供支持和指导。

"我不是教育者"

辅导员的工作更多是基于真诚的陪伴和关心，他们应该积极地收集和反馈学生的信息，如家庭背景、情感状态和近期情绪变化等，而不是进行说教或讲理。与学生讨论抑郁症的利弊并不是辅导员非结构化访谈的目的，因为学生的心理问题往往不是简单的意识层面的问题。每个面临心理挑战的学生都需要辅导员的真诚关心和接纳。心理健康的培养需要在心灵的土壤上深耕，而积极倾听和回应是学生心灵受挫时最有力的支持。

第一节　非结构化访谈与心理咨询技巧

辅导员在高等教育机构中扮演着至关重要的角色，他们不仅参与实现教育目标和人才培养，而且在高校的思想政治教育工作中发挥着不可替代的作用。在日常工作中，辅导员与大学生的面对面访谈是实施思想政治教育一种基本而有效的方法。通过这种访谈，辅导员能够及时掌握学生的思想动态，为精准开展思想教育工作提供直接的渠道。而学校心理咨询作为心理健康教育的重要组成部分，主要通过心理会谈的形式进行。这种咨询服务能够有效地应对学生的心理危机，帮助他们缓解和释放心理压力。鉴于当代大学生面临的心理挑战，心理咨询成为一种不可或缺的育人途径。辅导员与学生进行的非结构化访谈与心理咨询在很多方面有着相似之处，因此，辅导员在进行这类访谈时，可以借鉴心理咨询的一些技巧。这种结合可以使得辅导员更有效地与学生沟通，更好地理解学生的需求，从而在思想政治教育和心理健康教育方面发挥更大的作用。通过这种方式，辅导员不仅能够为学生提供更有针对性的指导，还能够在学生的成长和发展中发挥更加积极的影响。

心理咨询方法与技术为辅导员进行非结构化访谈提供了宝贵的指导和帮助，这些技巧的来源包括心理学的理论基础、对当代大学生心理状态的深刻理解，以及具体的会谈技巧。辅导员与大学生的访谈可以分为集体谈话和个人非结构化访谈两种形式：集体谈话通常包括班会、讨论会和小组讨论等，其关键在于把握谈话的主题，并利用集体成员之间的互动来激发思考。而团体辅导是一种在集体环境中提供心理支持的方式，它通过集体活动和人际互动，使成员间相互启发、支持和鼓励，从而促进个人的成长和行为改变。在辅导员访谈工作中，团体辅导的相关技巧可以被应用于集体谈话。团体辅导的优势在于其经济性和高参与度，这使得辅导员能够更容易地掌握这种技巧，并在组织学生活动时进行有效的访谈，也有助于解决高校学生工作人手不足与学生数量增加之间的矛盾。例如，在大学新生入学时，通过班级团体辅导来打破人际隔阂，传授交往技巧使学生在团体辅导的心理影响下自然而然地接受集体的影响，增强团队意识，促进班级凝聚力。

而个人非结构化访谈则需要根据每个学生的个体差异来调整访谈方法和策略，主要依赖于人际交往技巧和心理咨询会谈技巧。这包括做好访谈前的准备工作、访谈中全局的把握和技巧的运用，以及访谈后的持续关注和后续跟进等。通过这些方法，辅导员能够更深入地了解学生的个性和需求，为他们提供更具个性化的指导和支持。

一、非结构化访谈的基本要求

辅导员可能不具有专业心理学背景，也没有科学心理测量仪器的参考，因此从现实层面来看，仅仅想通过几次谈话就解决这部分学生的心理问题是不太可能的。但是通过非结构化访谈了解其心理及生活的现状，寻找其有可能产生此种现状的原因，还是可以做到的。这样的交流实际上已经实现了我们工作的核心目标，即通过对话来理解和支持学生。具体应遵循以下要求。

（一）访谈之前的准备

非结构化访谈开始前，辅导员应对访谈对象的性格、平时表现、成长环境等方面进行初步摸底或侧面材料的搜集，以确保访谈工作的时效性。高等教育的普及使大学生的数量呈逐年递增态势。学生有不同的背景、经验、个性、兴趣和想法，他们的思想道德素质、心理特征、价值观和个性发展也不尽相同。高校辅导员非结构化访谈工作要想取得良好效果，必须从学生的迫切需要和切身利益出发，根据具体情况加强针对性，在倡导一视同仁的教育理念的同时，我们必须同时认识到因材施策的客观现实的存在，不可用标签来定义学生。所以，在非结构化访谈中，辅导员必须注意差异的特点。同时，辅导员还可以借鉴心理咨询中良好谈话环境的营造的一些方法（如轻音乐、饮水供应，辅导员与学生座椅位置保持人际交往1.5米左右的谈话最佳距离），便于学生在轻松的氛围中袒露心声。

（二）掌握基本的非结构化访谈技巧

心理咨询中的会谈技巧涵盖了语言沟通和非语言沟通两个方面，这些技巧对于辅导员进行非结构化访谈同样适用。非结构化访谈不仅要求辅导员掌握有效的语言交流技巧，还要求他们具备一定的非语言沟通能力，这些能力对于访谈的成功至关重要。语言信息传递技巧主要指提问技巧，辅导员须将开放式提问和封闭式提问两种方式结合使用。谈话之初最好采用开放式提问，以"什么""为什么"等词开头，以便学生对有关事件给予较详细的反应，便于辅导员准确判断学生问题的症结所在。心理咨询技巧还提示辅导员注意，开放式提问应该建立在良好干预关系的基础上，免得访谈对象有被窥探的感觉。封闭式提问是限定了范围的一种提问方式，应答者只能用肯定或否定词，或是用事实和数据作答。当辅导员需要控制谈话进程，验证自己的判断准确与否，或是需要澄清事实时就可以采用封闭式提问。同时，辅导员透过姿势、目光、语调、表情等方式对非语言信息进行把握也非常重要，它们都是建立在对访谈者心理情绪的科学分析掌握基础之上的。比如，在访谈对象谈及心理冲突时适当转移自己的视线，以免引起对方的焦虑；同时，认真观察访谈对象的面部表情解读其内在情绪。辅导员身体姿势自然放松，保持一种开放的态势，点头和摇头要恰到好处，手势的运用也十分微妙。访谈双方既对坐势一般应以直角侧面相向为好，这样访谈双方既能保持视线的相互接触，又很容易让双方的目光暂时转移，避免直面容易引起的拘束。

（三）合理使用共情和面质

非结构化访谈工作中，心理咨询里的共情、面质两大技巧恰似熠熠生辉的"引航灯"，能赋予辅导员丰富启发，对访谈的成功起到不可小觑的作用。共情是指辅导员能够深入体验并理解学生的内心世界和感受，正如心理学家Carl Rogers（Rogers&Truax，1967）所描述的，咨询员能够正确地了解当事人内在的主观世界，并且能将有意义的讯息传达给当事人。这种能力不仅体现了对个体的尊重和关怀，也是有效心理咨询的重要组成部分。辅导员在访谈中应展现出对访谈对象的尊重，通过认真倾听和设身处地理解学生的情感，建立起平等、相互尊重的关系，这对于访谈的顺利进行至关重要。而面质技巧则是指辅导员在访谈过程中指出学生自身的矛盾之处，如言行不一致、理想与现实的差距等。通过面质，辅导员可以帮助学生更深入地理解自己的感受、行为和信念，促使学生放下防备心理，积极面对自己和现实。面质还能帮助学生实现言行一致以及理想与现实的统一，让学生了解自己之前未意识到的部分，并教会学生如何与他人进行深入的讨论。在当代大学生中，自我意识过强和言行不一致是常见的特点，因此，面质在辅导员的访谈工作中显得尤为重要。恰当地使用面质技巧可以揭示学生思想的内在原因，并促使其发生积极的认知转变。这些技巧不仅有助于辅导员更有效地进行非结构化访谈，也对提升辅导员的访谈效果具有重要的启发作用。

（四）谈话态度诚恳、坚持尊重原则

辅导员在与学生进行非结构化访谈时，首先应摆正心态，明确谈话的结果并非老师占上风的"胜利"，而是与学生的观点和意见相互碰撞的"合谈"。真诚是让学生感觉到被尊重与重视的最好办法，有助于积极共情，充分获得学生的信任。真诚体现在非结构化访谈全过程，也体现在辅导员的日常言行和管理教育工作中。非结构化访谈时，辅导员要坦诚以对，真心为学生着想，即使有不同意见，也应先尊重学生，接纳其看待问题的方式和角度，然后再平等交流，适时引导。其次，辅导员要有同理心，能换位思考，尝试从学生的立场和视角观察思考问题。这样既能更好地看清问题和解决问题，也能消除学生防御心理，防止抵触情绪。共情可以通俗地理解为感同身受，比如，一个学生失恋了，具有共情能力的辅导员会说："失恋一定很难过吧，我依然记得我当年失恋时的样子，我知道那种感觉，太痛苦了。"这一刻，学生会感到真正被理解了。值得注意的是，由于辅导员与学生是师生关系，有着教育和被教育这种差别的客观存在，必然会影响学生在辅导员面前表露自己真实想法的勇气。因此，把握平等的原则就显得十分重要。辅导员与学生的社会角色是有差别的，但在人格上是平等的，只有平等地交流，才能更深入地了解学生。最后，辅导员要有耐心和热情，这也有助于更多地了解学生的想法，并取得学生的信任，促进学生敞开心扉。

（五）表达"共鸣"原则

在谈话过程里，"共鸣"原则堪称关键升华与高阶要求，直接左右谈话进程与最终成效。所谓"共鸣"，即辅导员于交谈间所呈现的评估、所持态度以及立场表达，能获得学生的真心认可。若能精准把握这一原则，谈话便能顺遂推进，学生也会给予更多信任，求助时愈发真诚坦率；反之，一旦缺失"共鸣"，谈话极易陷入僵局、遭遇阻碍。学生若对老师失望，内心便会筑起"高墙"，逐渐减少自我表达，直至彻底"封口"，让交流戛然而止；又或是他们会显露出不耐烦的情绪，比如不断看表、频繁走神，更甚者可能会激烈反驳辅导员的观点与立场，致使谈话氛围剑拔弩张，访谈指导彻底偏离正轨，访谈目标难以实现。而当达成"共鸣"时，也绝非一劳永逸，把握好"度"至关重要。就拿情感话题举例，若辅导员自身曾深陷情感泥潭，恰遇因失恋来求助的学生，在倾听学生讲述失恋遭遇时，过往伤心回忆被瞬间勾起。此时，要是在共鸣表达里完全沉浸于自身感受，滔滔不绝倾诉过往痛楚，只顾宣泄情绪，眼睛里没了学生，即便学生起初因老师的相似经历产生了共鸣，可后续自身表达空间被挤占，倾诉欲被压制，交流重心悄然移位。这般"共鸣"只是表面热闹，实则喧宾夺主，是不可取的做法，毕竟谈话核心应始终围绕学生的问题与需求展开，帮助他们走出困境才是关键。

（六）辅导员与学生访谈后认真做好总结和保密工作

辅导员与学生访谈后的总结和保密工作是极为重要的，这不仅是谈话的基本要求，也是建立信任、解决心理问题的关键。学生的隐私和秘密往往是心理问题的根源，因此，辅导员及时诚恳地向学生做出保密承诺，能够迅速获得学生的信任，促使他们毫无保留地向辅导员倾诉。学生倾诉的内容越私密，反映出对辅导员的信任度越高，这对于实现工作目标至关重要。这一过程也是学生"排毒"的主要环节，对于缓解和疏导心理问题具有积极作用。此外，访谈作为辅导员与学生交流思想的常规工作，一次性访谈的效果是有限的。因此，辅导员需要坚持访谈后的追踪调查和格外关注，选择适当的时机进行后续谈话。通过有效的访谈形式，辅导员可以促使受访学生内在觉醒，转变思想状态和行为模式，从而改善心理状况。这一过程需要辅导员具备耐心和持续的关注，以及对学生个体差异的敏感度。值得注意的是，为了提升访谈效果，辅导员应把握学生的年龄、性别、家庭、学业情况等特点，选择适合的非结构化访谈方式，做到因人施策、"一人一策"。同时，加强与班主任、任课老师、家长之间的协同，调动一切积极因素，提升非结构化访谈效果，推进全员育人。且在非结构化访谈中，辅导员应坚持实事求是、平等尊重、灵活有效等原则，并注重谈话后的总结反思，不断提升解决问题的能力。

> **注意事项：** 从心理学和教育学的角度来看，心理咨询技巧对辅导员的访谈工作提供了重要的启发，并且辅导员在访谈中潜移默化地应用这些技巧，目的是更科学地规范辅导员的访谈行为，使其在日常思想政治教育中发挥更大的作用，并提高工作效率和教育成效。我们必须认识到，尽管心理咨询和辅导员访谈在某些方面有交集，但它们在本质上是两种不同的会谈方式。心理咨询的专业性较高，其技巧可以被辅导员借鉴，但由于心理咨询的特殊性，一些特定的干预手段对于非专业心理学背景的辅导员来说可能难以掌握，且心理咨询的对象范围相对较窄。

作为一名辅导员，在非结构化访谈中，很容易将其与思想政治教育相混淆。需要明确的是，咨询谈话和思想政治教育虽然有联系，但它们之间存在明显的区别：其一，两者的理论基础不同，非结构化访谈是以心理学理论为基础，思想政治教育主要是以辩证唯物主义和教育学的理论为基础。其二，工作任务不同。思想政治教育工作的主要核心工作是"人生观"问题，更强调的是社会价值；而咨询谈话的核心是"发展"问题，是通过解决个人的心理健康问题塑造完善的人格，实现自我完善，强调的是个人价值。其三，工作内容不同。思想政治教育的内容主要包括爱国主义教育、集体主义教育、社会主义思想规范等；而非结构化访谈的主要内容包括学习指导、生活指导、人际交往、择业指导、健康指导和障碍矫治等。其四，工作方法不同。这一点恰恰是辅导员工作容易产生的误区之一，思想政治教育主要采用灌输、言传身教等方式，注重说服教育；非结构化访谈则强调的是倾听与疏导。

当前，高校辅导员加强心理学学习已成为教育发展的必然趋势。在全国范围内，辅导员已成为心理咨询专业教师的重要助手，他们负责及时掌握学生的心理状态，观察学生的精神状况，并对有心理问题的学生进行初期及时的干预，这是高校学生工作者一直在进行的工作。因此，辅导员需要不断学习和提升自己在心理学领域的知识和技能，以便更好地服务于学生的成长和发展。

二、高校辅导员在非结构化访谈工作中应掌握的心理辅导知识探索

在高等教育的宏伟蓝图中，辅导员扮演着连接学生心灵与校园文化的"桥梁"角色，承担着理解学生内心世界、引导青春成长的使命。在非结构化访谈中，辅导员仿佛手握一把把打开学生心灵深处之门的钥匙，这些对话不受固定模式的限制，却充满了真挚的情感交流和思想的激烈碰撞。但是，要真正开启这些心灵的大门、深刻理解学生的心声，单凭满腔热情是远远不够的。因此，在这场探索心灵的旅程开始之前，让我们共同了解高校辅导员在非结构化访谈中必须掌握的心理辅导知识，发掘促进学生成长和变化的关键。

（一）掌握大学生心理发展的一般特点，提高辅导员工作的有效性

在高校中，辅导员经常面对形形色色的学生问题，这些问题往往与大学生的心理发展特征密切相关。作为大学生成长道路上的引导者，辅导员需要系统地学习并掌握大学生心理发展的一般特点，包括他们在认知、情感、意志等方面的发展特征。例如，大学生正处于从青少年期向成人期过渡的不稳定阶段，这一时期被心理学家形象地称为"心理断乳期"或"疾风暴雨时期"。在这一阶段，大学生面临着众多心理发展任务，包括自我认同、社会适应、人际关系、异性交往和社会责任等，他们需要在这些方面积累经验，实现从依赖到独立的转变，并最终形成独立完善的人格。此外，辅导员若能深刻理解大学生心理发展的这些特点，就能更准确地把握学生问题的根本原因，并提供更有针对性的帮助。这不仅能够提高辅导员工作的效率，还能增强工作的实效性，帮助学生更好地应对成长中的挑战，促进他们的全面发展。

（二）掌握不同家庭结构学生的特征，提高辅导员工作的针对性

依据个体与环境交互作用理论（Luhmann，1995），学生的成长受到社会、家庭、学校以及个人特质等多重因素的影响。依恋理论（Bowlby，1979）进一步指出，早期的依恋关系对个体的后续发展具有深远的影响。与那些来自和谐家庭的学生相比，来自单亲、隔代抚养、性别偏好或重组家庭的学生可

能更容易面临心理发展的挑战。不同的家庭结构对个体的影响各有差异，因此，辅导员若能深入了解各类家庭背景下学生的心理特点及可能的影响因素，将极大地提升工作的针对性和有效性。此外，通过掌握不同家庭结构学生的特征，辅导员能够更精准地识别学生的需求，预测可能出现的问题，并制定相应的辅导策略。这种针对性的方法有助于辅导员为学生提供更加个性化的支持，帮助他们克服成长过程中的障碍，促进其心理健康和个人发展。通过这种细致入微的工作方式，辅导员能够更好地服务于学生的全面发展，成为他们成长道路上的有力引导者。

（三）辅导员应掌握大学新生心理问题的特征，防止新生适应不良的产生

大学新生在步入校园时，面临着生活环境、学习内容与方法、社会角色的巨大转变，这些转变往往伴随着理想与现实的冲突，导致许多新生难以完成自我调适，容易产生适应不良的问题，如无所适从、自卑感、自我封闭等。因此，辅导员在协助大学新生快速适应大学生活和学习环境，以及顺利过渡到新角色的过程中，同样需要深入了解大学新生可能面临的心理问题特点，这样才能更有针对性地提供帮助，并有效提升辅导工作的成效。比如，辅导员应提供正确的引导，帮助新生理性看待大学生活，建立合理的期望值；增强学生的自我管理能力，通过工作坊、班会等形式，教授新生时间管理、自我激励等技能；建立支持系统，鼓励新生参与社团活动、班级活动，建立良好的同伴关系，形成社会支持网络；提供心理咨询服务，对

于表现出适应不良症状的新生，及时提供专业的心理咨询和干预；强化认同感，通过各种活动和教育，帮助新生建立对大学的认同感，减少失落感和自卑感。通过这些措施，辅导员可以帮助新生更好地适应大学生活，减少适应不良的风险，促进他们学业进步和健康成长。

（四）辅导员应掌握大学生学习问题的特征，注重对学生学习信心的培养

辅导员在面对大学生学习问题时，应全面掌握学生在学习过程中可能遇到的困难和挫折，这些困难不仅包括学习内容、目标和方法上的巨大差异，还涉及注意力分散、厌学情绪、对专业的抵触以及考试焦虑等学业适应问题。为了有效应对这些挑战，辅导员需要注重激发学生的学习兴趣，提供科学的学习方法指导，以及培养他们的学习信心。通过组织学术讲座和实践活动，辅导员可以激发学生的学习热情，同时通过提供学习策略和技巧的培训来提高学习效率。此外，辅导员应鼓励学生设定合理的学习目标，通过小步骤的成功体验积累自信，并提供正面的反馈和支持。辅导员还需识别和干预学习障碍，强化学生的学习动机，优化学习环境，教授压力管理技巧，并整合学习资源，为学生提供个性化的辅导计划，帮助他们克服学习障碍，提高学习成绩，从而促进学生的全面发展。

（五）辅导员应掌握大学生人际交往问题的特征，防止人际交往障碍的产生

在应试教育背景下，许多大学生可能在人际交往方面显得

较为内向且缺乏经验。随着自我意识的增强，他们渴望以自己的方式建立友谊，但由于心理成熟度的限制，大学生在人际交往中常常会遇到各种挑战，引发一系列异常心理反应，例如自我中心、封闭、羞怯、冲动和敏感等，这些都可能导致人际交往障碍。如果不及时处理这些问题，它们可能会对大学生的个人成长造成严重影响。因此，辅导员需要在早期识别并干预这些人际交往问题，帮助学生建立健康的社交模式，促进他们的全面发展。通过提供人际交往技巧的培训、组织团队建设活动和社交技能工作坊，增强学生的沟通能力，减少人际交往障碍的发生，为大学生营造一个支持性和积极的社交环境。

（六）辅导员应掌握大学生就业心理问题特征，为其提供就业指导

随着学业的结束，大学生将面临步入社会的重要一步。在择业和就业的过程中，难免会遇到各种心理挑战，如无法准确自我定位、缺乏明确的职业价值观，以及在面对工作机会时表现出的过分自卑或自负，还有焦虑、从众等心理现象。这些问题可能会影响他们做出合理的职业选择和顺利过渡到职场。因此，辅导员的角色至关重要，他们需要在非机构化访谈中为学生提供专业的就业指导，帮助学生正确认识自己的优势和兴趣，培养正确的职业观念，制订合理的职业规划。此外，辅导员还可以通过职业规划讲座、模拟面试、职业性格测试等活动，帮助学生更好地了解自己，提高他们的就业竞争力，减轻就业压力，引导他们做出更符合自身发展的就业选择。

上述心理问题在大学校园中普遍存在，它们是大学生成长

过程中常见的发展性挑战，需要辅导员在日常工作中给予特别关注。除此之外，辅导员还应掌握更多专业的心理辅导技能和方法，以便更好地服务于学生的心理发展需求。

（七）掌握一般心理问题与心理疾病的鉴别方法，未雨绸缪

辅导员在关注大学生常见心理问题的同时，必须掌握区分一般心理问题与心理疾病的能力。神经症是一组病因、病理和临床表现不一致的精神障碍，属于非器质性的、大脑神经机能轻度失调的心理疾病。根据1994年修订的《中国精神疾病分类方案与诊断标准》，神经症包括恐怖性、焦虑性、强迫性、抑郁性、疑病性神经症等，主要症状表现为焦虑、紧张、恐惧、强迫、疑病、抑郁等。神经症的特点包括无器质性病变基础、个体自知力良好、心理冲突导致的精神状态痛苦、症状泛化且病程持续至少半年、严重影响个体正常生活。精神病则是更为严重的一种心理疾病，与正常人存在本质区别。其特点包括自知力完全丧失，出现幻觉、妄想和思维障碍等症状，情感、行为反应异常。当辅导员发现学生表现出这些特征时，应考虑其可能已非一般心理问题，而可能转变为神经症或更严重的精神疾病，此时应将学生转介至学校心理咨询中心或专业医疗机构。

因此，辅导员应具备一定的变态心理学知识，能够理性认识各种心理疾病，区分一般性心理问题与严重心理疾病，并根据学生的具体情况，及时寻求专业帮助，实现心理疾病的早发现、早治疗。

（八）掌握心理危机预防与干预技术，提高辅导员工作的预警功效

大学生活是一段情绪起伏较大的时期，学生面临生活中的重大变故，例如亲人离世、感情问题、学业挑战、人际冲突或暴力事件时，由于缺乏足够的生活经验，很容易遭遇心理危机。如果辅导员不能及时发现并介入其中，不仅会对学生的心理健康产生长期影响，而且在某些极端情况下，学生可能会选择自伤或伤害他人，造成严重后果。因此，辅导员掌握心理危机干预技术变得尤为关键。

心理危机干预策略通常包括预警机制和应对机制两个方面。预警机制的目的是识别那些可能遭遇心理危机的学生，防止严重心理危机事件的发生，起到预防的作用。应对机制则是在心理危机发生之后采取的一系列措施，旨在减轻危机带来的负面影响。辅导员在此过程中应重点发挥预警机制的功能，通过日常的观察和沟通，敏锐地捕捉学生的异常行为和情绪波动，主动提供必要的支持和援助，防止心理危机的恶化。同时，辅导员也需要掌握应对机制，以便在心理危机发生时迅速采取恰当的措施，保护学生的心理健康。

鉴于每个人的个性特征和应对压力的能力存在差异，相同的事件对不同个体的影响可能截然不同。因此，辅导员的一项关键任务是学会辨识那些更容易出现心理危机的学生，并采取预防措施。笔者认为，在辅导员的日常工作中，应特别关注以下几类学生群体：首先，有自杀念头或家庭中曾有自杀案例的学生属于高风险群体，需要优先关注。其次，对于那些被

诊断患有严重心理疾病，例如抑郁症、焦虑症、强迫症等的学生，特别是抑郁症患者，他们的自杀风险相对较高，需要特别留意。再次，长期身处人际关系紧张、巨大学习压力、家庭经济困难导致深度自卑等不利环境的学生，由于他们的适应能力较弱，加之生活中的种种压力，更容易出现心理危机。此外，对于那些生活或学习状态发生突变的学生，如学业成绩急剧下滑、社交活动骤减等，可能预示着他们遭遇了某些负面事件，这是心理危机的潜在信号，需要辅导员予以关注。最后，具有特定人格特征的学生，例如性格极度抑郁、内向、孤僻，情绪波动大，有暴力或反社会倾向，以及过度敏感和多疑的学生，也应成为辅导员关注的重点。对这些学生群体的密切关注和及时干预，对于预防心理危机事件的发生至关重要。

三、非结构化访谈中的心理咨询技巧

非结构化访谈在辅导员工作中扮演着至关重要的角色，具有不可替代的价值。它的重要性在于打破了传统访谈的固定模式，使辅导员能够更深入、全面地掌握学生的真实情况。在探讨学生学习表现不佳的原因时，非结构化访谈能够帮助辅导员发现背后的家庭影响、心理障碍等深层次因素，这些在结构化访谈中往往难以发现。此外，这种访谈方式的灵活性和自然性有助于建立辅导员与学生之间的信任，鼓励学生进一步分享内心的真实想法和感受。

非结构化访谈同样要求辅导员掌握一定的技巧。积极倾听是其中的核心技巧，要求辅导员全神贯注于与学生的互动，不仅理解学生言语的直接含义，更要洞察其背后的情感和动机。

当学生分享个人经历时，辅导员通过专注的目光和适时的肢体语言，传递出对学生的尊重和理解。有效提问也是关键技巧之一，辅导员需要根据学生的回答灵活地提出深度问题，引导学生深入反思自己的想法和感受。当学生谈到与室友的矛盾时，辅导员可以通过追问具体事件的细节，逐步揭示问题的全貌。因此，在非结构化访谈中，运用心理咨询技巧是非常必要的。面对学生的多样化问题时，心理咨询技巧能帮助辅导员敏锐地捕捉学生情绪的微妙变化，并提供及时的安慰和指导。当学生因学业压力感到沮丧时，辅导员可以运用共情技巧，表达对学生困境的理解，从而有效缓解学生的负面情绪，给予其心理上的支持。同时，许多学生面临的问题根源复杂且隐蔽，心理咨询技巧能够帮助辅导员引导学生进行自我探索，挖掘问题的深层原因。通过引导学生回顾相关经历，分析其思维和行为模式，精确定位自卑心理的根源，为后续的针对性辅导打下坚实基础。通过这些技巧，辅导员能够更有效地支持学生，促进他们的个人成长和心理健康。

（一）掌握"以求助者为中心"的谈话技巧，让辅导员工作成为知心工程

以求助者为中心的谈话技巧是人本主义疗法的一种技术，它强调创造一种良好的环境，形成真诚相待、相互理解、彼此尊重的谈话气氛，帮助当事人进行自我探索，认识自身的价值和潜能，发现真正的自我，对自己的成长负责，最终完成自我实现。因此，辅导员若能够将"以求助者为中心"的辅导技巧融入其与学生的谈话，让辅导员与学生之间的谈话成为一

种良性的互动，让原来"虚"的说教，变成实实在在的交流，这样辅导员和学生之间便建立起了一座和谐的沟通桥梁，它能帮助辅导员及时发现学生的问题所在。同时，当辅导员能够相信学生有自我成长的潜力和解决自我问题的能力，并为他们创建了一种安全、理解、鼓励支持的氛围时，学生便已经朝一种良性的方向发展，其问题也已经开始得到解决了。因此，针对辅导员工作的内容及性质，结合"以求助者为中心"疗法的观点，辅导员应在谈话中注意以下几个方面：首先，谈话的开始不是"说"而是"听"。很多辅导员面对"问题学生"常常不分青红皂白，上来就是一番苦口婆心的说教，这样的灌输一方面让学生产生抵触情绪，另一方面其自身的问题可能无法得到解决，反而会由于得不到他人的理解而向更为消极的方向发展。由于辅导员不同于学校的心理咨询老师，他们的角色很难让学生从一开始便对其敞开心扉，因此在辅导员表达自身看法之前不妨先放下老师的身份，将自己当作学生的"朋友""伙伴"，认真倾听当事人的想法。这种倾听并不是简单地听，当它融入以求助者为中心疗法的观点时，就能发挥意想不到的效果。因此辅导员在倾听时，应当做到：（1）要先学会重视当事人的主观世界。在倾听时不轻易以外在的指标来衡量学生，当在倾听他们叙述时，不要轻下结论和阐述自己的观点，也不要轻易对来访者所谈话题做道德或是非上的评判。以求助者为中心疗法认为，我们只有站在当事人独一无二的主观现象世界来看待问题时，他们才能真正得到理解。因此辅导员此时应当抛却自身教育管理者的身份，站在学生的角度来看待问题，给予他们充分的理解，这样的谈话环境才能更好地引导学生放下心理阻抗，真实表达内心的想法，敢于宣泄不良的情绪。（2）要以共情的态度深入学生的感受中去，听出当事人的"弦外之音"，同时细心观察他们的言行、表达问题的方式，以及他们在叙述时的犹豫停顿、语调变化以及伴随言语出现的各种表情、姿势、动作等。（3）倾听的同时也应当给予适时的反应，最常用、最简便的动作是点头。但点头时应认真专注，充满兴趣，适时适度，并且常配合目光的注视。（4）辅导员在倾听中应当明确，倾听的习惯和态度是比倾听的技巧和技术更为重要的，在谈话的过程中，只有当学生真正感受到辅导员是在真诚地关注他、听他言说而不是评判、教育他，他才能体会到一种安全感，才能够将自己的内心世界主动敞开，同时开始感受自己的情感体验、探索自我。

其次，辅导应当在非结构化访谈中学会鼓励学生表达自己的观点、想法，并给予适时的反馈。以求助者为中心疗法的基本假设之一，就是当事人有能力自己发现价值，探索自己的问题，并能使用潜在的个人资源解决自己的问题。因此，辅导员在谈话中要鼓励当事人表达自己的观点，并采用一些具体的技巧，帮助学生探索自己的内心世界，引导他们利用自身的资源来解决自己的问题。罗杰斯以求助者为中心理论较反对在会谈时使用过多询问的方式，他认为这种方式是辅导员凭着自己的感受，而侵犯了求助者的隐私，因此他更倾向于应用鼓励、释义、情感反应等技巧来了解求助者，促进求助者进行自我分析。例如：辅导员可以适时给予学生以鼓励，即直接地重复求助者的话或仅以某些词语如"嗯"，"是的"，"讲下去"，"还有吗"，"你再说得更详细些"等，来强化学生所叙述的内容并鼓励其进一步讲下去。这样做除了促进会谈继续，还有一个功能则是通过对求助者所述内容的某一点、某一方面作选择性关注而引导当事人的会谈朝着某一方向作进一步深入。同时辅导员还可使用释义、情感反应技巧，选择学生谈话中的某一部分内容或者是情绪，用自己的言语将其表达出来，反馈给当事人，以此来帮助学生进行深入的自我分析，重新审视自己的情感体验。

最后，谈话中注重平等探讨、助人自助。以求助者为中心疗法反对教育的、行为控制的治疗倾向，他们摒弃耳提面命式的教导，反对辅导员直接告诉当事人什么好，什么不好。因此辅导员在谈话中要多鼓励学生独立思考，减少个人观点的表述，多做启发，减少说教，让学生自己主导自己的世界，而辅导员是一个脱去了角色面具的朋友，陪伴着学生到自己的内心世界进行"探险"。这样才能让辅导员工作真正摆脱传统的思想政治工作者的角色，成为学生的"知心工程"。

（二）尊重、无条件的关注与理解原则

这是辅导员在对待学生的态度上应当遵循的一条基本的理念，它能帮助建立良好的师生关系，推动辅导员工作效率的提高。尊重是指辅导员应将当事人视为与教师、与其他学生在人格上具有平等地位的个体，这就要求辅导员用平等的态度对待学生，不居高临下，更不可轻蔑、讽刺、羞辱学生，学会以朋友的身份来与学生沟通。此外还应尊重他们决定自己行为方式的权利，辅导员仅仅是作为提供参考建议的"旁观者"，而不越俎代庖，成为他们人生道路的"决策人"。

无条件积极关注是人本主义代表人物罗杰斯（Rogers，1907）提出的主要理念。它是指辅导员不以评价的态度对待当事人，不依据当事人行为的好坏来决定怎样对待当事人。这就希望辅导员在工作中能够无条件地从整体上接纳学生，不论当事人有何表现，都把他们看作需要帮助的对象。所谓"理解"是指辅导员能透过学生的眼睛去看世界，学会进入当事人的"内部框架"去理解他们，明白他们所表现出的各种问题是有原因的。这样便能建立师生间良好的沟通桥梁，营造良好的倾诉氛围，帮助学生抛开心理防范，对自己的内心世界做更深入的探索。

（三）掌握不同流派的辅导技巧，提升辅导员非结构化访谈工作的成效性

除了以求助者为中心疗法的谈话技巧外，行为主义、认知疗法等流派的一些技术也可以被很好地应用到辅导员工作中去，笔者介绍以下几种简单易行的辅导技巧及其在学生工作中应用的途径，希望能为高校辅导员工作提供一定的参考建议。

1. 合理情绪技术在辅导员工作中的应用

合理情绪技术（Rational-emotive Development，简称RET）是20世纪50年代由艾利斯（Ellis，2013）在美国创立的，它是认知疗法中的一种，其基本理论主要为ABC理论，该理论要点是：个体的不良情绪或行为（C）不是由某一诱发性事件（A）本身所引起的，而是由经历了这一事件的个体对这一事件的解释和评价（B）所引起的，当人们坚持某些不合理的信念，长期处于不良的情绪状态之中时，最终将会导致情绪障碍

的产生，而个体不合理的信念一般都具有三个特征：绝对化的要求、过分概括化和糟糕至极。它是一种操作简易、适用范围广泛的心理辅导技术，针对大学生这一年纪较轻、智力和文化水平较高的群体，其适用性和有效性都非常高。因此辅导员可以利用该方法与大学生共同探索其内心不合理的想法，帮助其建立积极、合理的认知模式，以达到促进大学生心理健康的目的。具体说来辅导员可以按照以下三个步骤进行操作。

第一步，识别不合理的信念。辅导员在完成对学生初步的接待之后，要引导当事人反复检查哪些信念让他很担忧，此时辅导员可以利用《情绪困扰分析表》，帮助当事人分析其对于生活事件的担忧是什么，其导致的情绪及行为结果是什么，以及所引起的不良情绪的程度。接下来，辅导员根据不合理信念的三大特征，与学生一同分析哪些是合理的信念，哪些是不合理的信念，并让其明白当前的不良情绪不是事件本身引起的，而是其不合理的观点所导致的。第二步，与不合理信念辩论。这是合理情绪疗法的核心，它源于古希腊哲学家苏格拉底的辩证法，即所谓的"产婆术"，它依据当事人的观点，然后进一步推理，最后引出谬误。辅导员可以通过具有明显的挑战性和质疑性的提问来进行，例如，可以询问学生："别人有什么理由必须友好地对待你？""事情为什么必须按照你的意志来发展？如果不是，那又会怎样？""你怎样才能证明你是一个一无是处的人？""可能发生的最糟糕的事情是什么？出现最糟糕的后果时，你将会如何？"等等。通过反复的询问，帮助学生以现实、理性推翻自己原来的信念。第三步，巩固合理信念，布置家庭作业。引导学生学习合理的信念并使之内化为自己的观念。辅导员可以布置各种认知性、行为方面的家庭作业，使他们通过现实生活的应用进一步改变不合理的自身观念，强化新的、合理的观念，提高他们应对各种问题的能力。

2. 放松技术在辅导员非结构化访谈中的应用

放松技术是行为疗法的一种，它通过调节当事人的肌肉紧张程度或者是呼吸以达到缓解内心紧张、焦虑等不良情绪的目的。该方法同样易于掌握和操作，当辅导员面对有考试焦虑、情绪紧张、恐惧等情绪问题的学生时，可以通过放松训练在短时间内缓解当事人的不良情绪。放松训练主要有肌肉放松和深呼吸放松两种：当辅导员认为学生有放松紧张情绪需要的时候，可以先帮当事人寻找一个安静、舒适的环境，如坐在舒适的沙发上，整个身体保持舒适、自然的姿势，然后让当事人身体的各个部分，从头到手臂，再到腰部、脚部，依次先体会紧张的感觉，几秒后，再放松10~15秒，并要求当事人体会放松后的感受，如此反复，最后达到全身的放松。倘若当事人处于某些特定的情景，如考场、公众场合等，其地点与时间并不允许进行肌肉放松的时候，辅导员可以考虑使用深呼吸的方法减轻学生的焦虑水平。

3. 角色扮演技术在辅导员非结构化访谈中的应用

这种技术可以应用于对人际交往适应不良个体的辅导。当前，很多大学生在处理人际关系时习惯从自己的角度来思考问题，以自我为中心，不考虑他人的感受，因此无法融入班级，融入宿舍，与周边的同学格格不入，人际关系紧张。角色扮演技术则是让当事人站在"旁观者"的角度来重新审视自己，其做法是：辅导员确定一个当事人生活中典型的事例，先由学生扮演自己，辅导员扮演其生活中的"旁人"，经过第一轮角色扮演。而后两人交换角色，由辅导员扮演当事人，学生扮演"旁人"，经过第二轮角色扮演后，辅导员和当事人一起讨论其第二次扮演后的感受与体会，让当事人尝试站在他人的角度来体会与思考，重新审视自己行为中哪些做得好，哪些做得不好。共同商讨如何改进之后，进行第三轮的角色扮演，让当事人尝试用新的行为替换原来的人际交往方式，当学生表现出适宜的行为时，辅导员要及时给予肯定，并鼓励其将新的行为方式应用到现实生活中去。角色扮演技巧不仅能够让学生看清自己原来交往方式中不适宜的做法，也能够提供一个模拟的情境，让当事人能够在此情境中训练自己的新行为，为其在现实生活中的应用奠定基础。

除此以外，心理辅导的各流派中还有很多简单易行的方法可以为辅导员们在日常工作中使用，例如阳性强化法、系统脱敏法等等。辅导员通过培训、学习，系统掌握这些方法的原理、操作技巧、适用范围以及注意事项，结合学生的具体情况以及非结构化访谈中的设施条件等因素，给予学生最为有效、最具针对性的帮助。

4. 掌握团体心理辅导技术，帮助辅导员解决学生普遍困惑

团体心理辅导是基于群体动力学、社会学习理论、人际交互作用等心理学理论而建立的一种辅导形式，它在团体情境下，为有着共同问题的个体提供心理帮助与指导，具有教育、发展、预防以及治疗四大功能。研究发现，团体心理辅导是帮助辅导员解决学生普遍心理困惑的有效手段，一方面团体辅导容易消除学生的孤独感和戒备心理，促进其产生解决问题的勇

气，同时使辅导效果容易在现实中得以应用和巩固；另一方面也能提高辅导员非结构化访谈工作的成效。

对于辅导员而言，他们并没有深厚、扎实的心理学基础，也缺乏个体心理咨询的经验，与此同时，他们还拥有自身繁重的行政工作，这些都会影响他们开展若干个单元组成的、正规形式的团体心理辅导。此外，团体心理辅导除了对领导者有着较高要求外，它也并非适用于所有学生个体，辅导员倘若没有很好地对一些特殊的个体，如极端内向、自卑、自闭的学生进行及时的处理，可能会让他们在团体辅导中受到伤害，从而带来负面影响。因此作为辅导员，可以采用一些其他的团体活动形式，心理主题班会便是一种简单易行且效果显著的活动。心理主题班会一般针对全班同学，以一个心理话题为主，通过开展系列的心理游戏，以引导、启发、共同商讨、训练等方式来解决大学生的一些普遍问题。它无需像正规的团体心理辅导那样，需要由若干个单元组成，一般就只开展一个单元，大约维持在1.5~3小时之间。这种形式的团体活动对于解决大学生中普遍存在的一些心理困惑有很大的帮助，如新生的适应问题、班级团体凝聚力的形成、同学间良好人际关系的建立等等都非常有效。此外，心理主题班会由于其维持时间较短，仅仅是拥有了团体心理辅导的教育、发展、预防功能，无法对学生起到深层次的作用，但也正是该特点，使得它不仅易于掌握，而且能够适用于所有的学生，不会对一些特殊的个体造成伤害。

四、辅导员在非结构化访谈工作中的注意事项

大学是青年学生人生中重要的探索阶段，丰富多样的校园生活带来的更多可能性极大地改变了他们中学时代单一的成长和发展模式，同时也使他们在选择未来道路时面临一些困惑。他们自身的不确定性、环境的不确定性以及人际关系的不确定性等都需要辅导员的介入和参与，这也为辅导员发挥作用提供了更多空间。非结构化访谈拉近了师生关系，为师生创造了单独的交流机会，使得他们可以进行更加开放、深入的探索，但除了掌握一些基本技巧外，还有一些注意事项需要在非结构化访谈中引起辅导员的关注。

首先，辅导员要理解非结构化访谈的开放性与深入性，在谈话过程中无论学生提出任何问题，都不能采取否定和指责的态度。如果学生被否定和指责，他们的沮丧和失望就会使他们止步，不再向老师寻求帮助，更不会从内心深处尊重辅导员。辅导员要采取开放的态度去倾听，才有机会使得谈话深入下去，让学生愿意倾诉，进而把存在的问题层层剥离，使问题的核心显示出来。有的学生表面上看是沉溺游戏，其实背后深层原因需要辅导员深入发掘，了解他们的成长经历以及成长过程中可能遭遇的创伤。辅导员要对他们曾经经历的挫折或者伤害有同情心，注意维护学生的自尊，保守他们的秘密。

其次，辅导员需要给学生留下足够的时间和空间。学生的自尊需要保护，即便是看来很天真的想法，也需要给予他们充分的尊重和理解。非结构化谈话需要足够的时间，最好事先安排一个特定的时间段，预留足够的时间给学生，避免让学生感觉老师在应付自己。一个相对安静独立的环境也可以使学生放

松，让学生感受到自己得到了老师的充分关注。同时让学生在非结构化访谈中理解"助人自助"原则，个体的成长是一个主动与自觉的过程，每个大学生都是发展的主体，他们的成长必须通过自己内部世界的发展与完善才可能完成。

另外，辅导员需要持续不断地完善自己的知识结构，提升各方面的能力。辅导员的谈话对象各不相同，需要采用的谈话方式也不一样。辅导员要利用工作之余认真学习咨询技能等相关心理学知识，灵活运用各种方法和技巧，增强非结构化访谈工作的时效性。同时，辅导员要担任学生人生引航者的角色，帮助引导学生处理复杂的人际关系、家庭纠纷、学业困难、情感困惑，在学业上指导他们，在价值观上影响他们。辅导员要具备比较全面的知识与视野，成为能够处理各种复杂问题的综合性人才。

最后，创造良好的谈心环境，保证谈话顺利进行。一般正规的心理咨询都有专门的会谈咨询室，做到对求助者隐私的保护。良好的谈心环境是师生顺利沟通的保证，但在现实工作中，辅导员常常选择办公室作为谈话场所。在这样的环境中，遇到内倾型或有其他心理问题的学生就可能会产生交流障碍，影响谈话效果。此时，辅导员可以借鉴咨询室良好环境的营造方式，尽量改善谈话环境，如果学校配有专门的谈心室，可以借鉴咨询室的布置，将师生座椅位置保持在人际交往1.5米左右的谈话最佳距离，一段音乐、一盒面纸、一杯水即可；若无专门的谈心室，可以约学生在书吧等干扰较少之处谈话，也可以在校园林荫小道上边走边谈。轻松的氛围有利于学生放松心情，从而达到使学生敞开心扉、畅所欲言的效果。

第二节　非结构化访谈的逻辑性

大学生心理健康问题一直是社会关注的重点。2018年教育部印发《高等学校学生心理健康指导纲要》明确指出，提升大学生心理素质，促进心理健康发展是高校人才培养体系和思想政治教育的重要组成部分。而非结构化访谈作为一种定性研究方法，其灵活性和开放性为我们提供了探索复杂社会现象的宝贵工具。然而，正是这种灵活性，要求我们在访谈过程中更加注重逻辑性的构建和运用。首先，逻辑性是我们构建对话框架的基石，在这种访谈形式中，逻辑性帮助我们从受访者的回答中提炼出有意义的信息，避免偏离主题，确保访谈的连贯性和深度。它不仅指导我们提出问题，还能引导受访者沿着我们想要探索的思路进行回答，从而更有效地获取数据。此外，逻辑性的缺失可能导致访谈变得混乱无序，使得我们难以从大量的信息中提取有价值的见解。因此，保持逻辑性对于非结构化访谈的成功至关重要。逻辑性的对话能够建立受访者的信任，使他们更愿意分享真实的想法和感受，这对于定性研究尤为重要。通过逻辑性的提问，我们可以深入探讨受访者的回答，挖掘更深层次的信息，这对于理解复杂现象至关重要。访谈结束后，逻辑性还帮助我们回顾和分析数据，确保我们的结论是基于受访者的回答和我们的问题逻辑性构建的。在实际应用中，逻辑性也是联结问题和答案的桥梁，它确保我们能够从非结构化访谈中获得清晰、有条理的数据。因此，探索如何在非结构化访谈中保障逻辑性有助于提高辅导员工作的质量和深度。

一、非结构化访谈的逻辑性

（一）发现并识别风险

在非结构化访谈中，辅导员可以通过细致观察和深入交流，从情绪表现、言语内容和行为变化三个方面发现并识别学生可能存在的心理问题风险性。首先，在情绪表现方面，辅导员需要关注学生的情绪状态和非语言行为。如果学生在访谈中长时间表现出情绪低落，如声音微弱、表情悲伤，并且对轻松话题没有反应，这可能是抑郁倾向的迹象。同时，如果学生表现出过度焦虑，如频繁询问负面后果、小动作频繁，这可能是焦虑障碍的表现。辅导员应通过这些情绪和行为的细微变化，识别出学生可能的心理问题。其次，在言语内容方面，辅导员应仔细聆听学生的话语，尤其是那些自我否定和对未来感到绝望的表述。例如，学生如果频繁说出"我什么都做不好"或"我的人生没有希望了"这样的话语，这可能暗示他们存在较为严重的心理问题。这些言语中的消极信息是识别学生心理风险的重要线索。最后，在行为变化方面，辅导员需要关注学生的性格和行为是否有显著变化。如果一个通常性格开朗的学生突然变得沉默寡言，或者出现睡眠障碍、食欲变化等生理反应，这可能是心理问题的外在表现。例如，学生提到自己经常失眠，对以前喜欢的食物失去兴趣，这些都是需要关注的风险信号。在进行初步辨别后，对于心理正常的学生，辅导员可以开展心理助人谈话，进行心理疏导，帮助学生走出心理困扰；而对于心理异常的学生，即有过自残行为或强烈的自杀意愿、明确的自杀计划等高风险行为和想法的，由于专业能力的限制，辅导员在进行有效的甄别后，可以及时上报，并向校心理中心或医院进行转介。

（二）访谈既往史：收集成长经历等重要信息

在非结构化访谈中，辅导员通过温和开场、循序渐进的询问以及关注学生的特殊事件和人际关系，能够有效地收集有心理问题学生的成长经历等信息。访谈开始时，辅导员用温和亲切的语气与学生交流，比如通过轻松的开场白"咱们今天就是聊聊你的一些经历，就像朋友聊天一样，你不用有什么压力"，来缓解学生的紧张情绪，为深入了解其成长经历奠定基础。接着，辅导员从学生的早期童年经历问起，比如询问"能和我说一说你小时候在老家和小伙伴们相处得怎么样吗"，然后逐渐过渡到青少年时期的经历，像"上中学的时候有没有发生过什么对你影响比较大的事情呢"。这样的提问有助于辅导员了解学生在不同成长阶段的心理发展和可能遇到的心理挑战。同时，辅导员重点了解学生经历的特殊事件，比如转学、家庭变故等，询问"你提到曾经转学，那转学的时候你有什么感受呢"。这样的问题可以帮助辅导员捕捉到可能对学生心理产生重大影响的事件。此外，辅导员还应关注学生的人际关系，尤其是家庭和朋友圈，通过询问"你和父母平时相处得怎么样，有没有发生过让你印象深刻的矛盾呢"来收集关于学生家庭环境和社交关系的关键信息，更好地理解学生心理问题的根源。通过这些细致入微的访谈技巧，辅导员可以收集到有心理问题学生的成长经历信息，为学生提供更有针对性的支持和干预措施。

（三）及时启动应急机制

在非结构化访谈中，辅导员一旦发现学生存在严重心理问题，需要迅速而有效地启动六级联动应急机制，以确保学生得到及时的帮助和支持。具体体现在：首先，辅导员在访谈中一旦发现学生流露出自杀念头或严重的精神障碍症状，必须立即进行快速评估，判断问题的严重性。这一初步评估是基于辅导员的专业判断和对学生言行的观察，目的是确定学生的心理状态是否需要紧急干预。评估完成后，辅导员需第一时间向二级学院工作组汇报详细情况，包括学生的具体表现、可能的风险因素以及自己的评估结果。这一步骤要求辅导员提交书面报告，确保信息的准确性和完整性，以便工作组能够迅速采取行动。紧接着，二级学院工作组在接到汇报后，要马上启动应急流程。这包括通知学校心理健康教育工作领导小组和心理健康中心，让他们了解情况并准备提供专业的心理援助。同时，工作组还要组织后勤人员组准备好相关资源，比如安排一个安静舒适的环境供学生休息和接受咨询。此外，学生心理工作站的成员要密切关注学生，以确保学生在等待专业援助期间的安全和情绪稳定。而在实施干预与支持阶段，心理健康中心会安排专业人员对学生进行心理评估和干预。这些专业人员会根据学生的具体情况制订个性化的干预计划，包括心理咨询、危机干预等。后勤人员组则提供必要的物质保障，确保学生在干预过程中的舒适和安全。同时，学生心理工作站的成员和学生的室友、同学等给予学生情感上的支持，帮助学生感受到社会支持和关怀。学生家长的配合也是至关重要的，他们需要了解学生的情况，并与学校合作，共同帮助学生解决心理问题。

（四）同时启动安全机制

辅导员在非结构化访谈中启动安全机制的做法是一套综合性的应对策略，旨在全方位保障学生的安全和心理健康。首先，辅导员通过及时与家长沟通，确保家长了解学生的心理状况并能够提供24小时的监护，这不仅能够预防学生可能出现的自伤行为，还能让家长更科学地履行监护责任。在与家长沟通时，辅导员谨慎地只反馈与家长冲突相关的访谈建议，避免透露可能激怒学生的具体内容，这种细致的做法有助于维护家校之间的信任和沟通，同时保护学生的隐私和情绪稳定。此外，辅导员向家长详细介绍学校的就医途径、休学和督学流程，这不仅帮助家长了解如何为孩子寻求专业的心理援助，也保障了学生在治疗期间的合法权益，确保学生即使在休学期间也能有合理的学习安排，从而减少学业上的损失。这种做法体现了学校对学生权益的重视，也有助于学生在心理困境中保持学业的连续性。

（五）启动跟踪、休学和复学机制

辅导员在非结构化访谈中面对学生的心理问题时，启动跟踪、休学和复学机制是一个系统性的过程，旨在确保学生在心理治疗和学业上都能得到妥善的安排和照顾。首先，跟踪机制是确保学生持续得到关注和支持的关键。辅导员通过定期与学生或家长沟通，了解学生治疗进展和心理状态，这些沟通可以通过电话、微信等多种形式进行。这种定期的联系不仅帮助辅导员掌握学生的最新情况，也为学生的复学评估提供了重要的信息。同时，建立专门的跟踪记录文档，详细记载每次沟通的内容，这对于全面掌握学生的动态变化至关重要，也为后续的复学评估提供了依据。其次，休学机制的启动是在学生需要系统全面治疗时进行的。辅导员在收到医院通知后，迅速向学校相关部门提交休学申请报告，并协助家长准备休学所需的材料，如病历、诊断证明等。在学生休学期间，辅导员保持与家长的联系，了解学生治疗情况，并为复学提前做好规划和准备工作，比如安排合适的学业辅导计划，以便学生复学后能更好地跟上课程进度。最后，复学机制的启动是在医院评估学生情况稳定且具备足够自知力和自制力后进行的。辅导员组织相关的复学评估会议，邀请学校心理健康中心专业人员、教师代表等参与，综合判断学生是否适合复学。与家长和学生沟通复学后的安排，包括可能的学业调整和心理支持服务，帮助学生顺利重新融入校园生活。同时，辅导员关注复学后学生的适应情况，及时解决出现的问题，确保学生在复学后能够在学业和心理上都逐步走上正轨。

知识补给站：大学生心理帮助与求助方式的性别差异

在中国，是否应该采纳罗杰斯所倡导的"非指导性"心理服务，一直是一个备受争议的话题（Rosenfield，

1980）。这种争议很大程度上基于对服务对象人格特征的不同预设。非指导性服务认为服务对象具有自我实现的潜能，他们有权并有能力为自己的生活做出选择；而指导性服务则认为服务对象的能力不及专业人员，因此专业人员应为服务对象设定目标并指导他们实现这些目标。一些人认为，由于中国文化倾向于保守、稳定和和谐，并且依赖权威，非指导性咨询在中国可能不适用。然而，也有观点认为所谓的"国民性格"并非固定不变，而是在与社会环境的互动中不断建构的，心理服务也能参与这种积极的人格建构（Gilligan，1982）。

在探讨心理服务方式时，人格的性别特征是一个重要的考虑因素。那么，在大学生群体中，男性和女性在心理帮助和求助方式上有何不同？女大学生是否更倾向于表现出"弱者心态"并期待专家的指导？调查结果显示，女性在人际互助方面更为活跃；当遇到心理问题时，无论男女都倾向于向自己的人际关系圈求助，而非权威或专业人士。他们最常求助的对象是朋友，但男生选择朋友的比例（86.5%）高于女生（75.9%）。女生在求助对象上更为多样化，更多地向家人、亲戚、恋人或配偶求助。此外，女性更注重情感宣泄，希望对方能启发自己"认识盲点"。在处理烦恼的方式上，有14.4%的女生会选择"独自哭一场"，而男生的相应比例仅为1.9%。女性比男性更倾向于情感宣泄，而在访谈中，女生也更多地谈到在别人面前直接宣泄情绪的经历，而男生则更多采用间接、含蓄的求助方式（Hochschild，1979）。调查还发现，女性对心理服务的态度更为肯定；在理性层面，男女生都对心理服务持接受和肯定的态度。但在对他人寻求心理服务的现象上，女性的态度更为肯定。在个人实践层面，虽然许多男女生都表示自己不需要心理服务，但女生对心理服务的态度仍比男生更为肯定（Zhang&Zhan，2005）。

　　综上所述，大学生在帮助和求助方式以及对心理服务的态度上存在显著的性别差异。女生更多地通过人际互动排解心理烦恼，也更多地向他人提供心理帮助。在求助期待上，男女生都倾向于理性的"非指导性"帮助，但女性表现出情感与理智的双重性，她们比男性更喜欢直接的情感宣泄，同时也更多地期望得到对方的启发，认识到事情的多种可能性，最终自己做出决策。在对心理服务的态度上，女性比男性更加肯定和开放，同时也具有相当程度的评价能力。这种差异符合传统性别角色，即男性在自信、独立、支配方面较强，女性在人际互动方面较强。然而，我们不能简单地将女性的倾向归结为"弱势心态"。总体而言，女性更主动、积极地通过人际互动解决心理烦恼，同时注重情感宣泄和对事情多种可能性的理性分析，最终独立决策并付诸行动。相比之下，男大学生似乎更多地表现出现代自尊型人格的独立自主与传统的自我封闭的双重性倾向。他们宣称自己有能力解决问题，认为寻求帮助是软弱的表现，但这并不等于在现实中他们不需要心理帮助。高校因心理问题而发生的恶性事件，当事人也多为男性。男性常常被主流社会强加的铁血硬汉形象所束缚，长久地活在"非人化"的"英雄光环"下，逐渐沦为只知控制而不懂得表达感情

（Eisler&Skidmore，1987）。同时，男女大学生大多倾向于理性的"非指导性"心理帮助，而女性的"非指导"倾向更强。有学者认为，在为我国受过高等教育的女性提供心理服务时，需充分考虑其自尊需求和自我实现潜能。心理服务的从业人员只有努力提高个人素质和专业化水平，才能更准确全面地理解、更有效地帮助来询者（Chen&Feeley，2014）。

二、高校辅导员非结构化访谈路径

高校辅导员非结构化访谈路径的重要性体现在其对辅导员职业能力的全方位要求和对学生心理健康的深刻影响上。教育部出台的《高等学校辅导员职业能力标准（暂行）》和《普通高等学校辅导员队伍建设规定》明确将心理健康教育与咨询工作作为辅导员的主要工作职责之一，这不仅强调了辅导员在学生心理健康工作中的关键角色，也突显了非结构化访谈在实现这一职责中的重要性。通过非结构化访谈，辅导员能够以更加柔性和深入的方式，了解学生的内心世界，从而在思想政治教育工作中实现价值引领。面对大学生心理问题的频发，非结构化访谈路径成为辅导员识别和评估学生心理状态、提供及时支持的重要手段。生活环境的改变、学业压力、就业困难和人际交往障碍等多重因素给大学生带来了前所未有的心理压力，辅导员通过非结构化访谈能够更好地理解这些压力，并为学生提供个性化的指导和帮助。此外，随着"00后"学生群体的心理特征和需求日益多样化，辅导员需要通过非结构化访谈来适应这一变化，更精准地把握学生的心理动态，满足他们的心理需求。这种访谈方式有助于辅导员在充分倾听和共情的基础上，逐步实现对学生的价值引领，达到事半功倍的效果。

　　总体而言，明确非结构化访谈路径不仅有助于提升辅导员的职业能力，更是实现学生心理健康教育和思想政治教育工作的重要途径。通过非结构化访谈，辅导员能够更深入地理解学生，提供更有效的心理支持和思想政治教育，从而促进学生的全面发展。

（一）初步辨别心理状态

　　在非结构化访谈中，高校辅导员通过细致入微的观察和倾听，可以从学生的言语表达、话题选择与回避、情绪反应以及肢体语言等方面初步辨析学生的心理状态。辅导员会注意到，学生的语速、语调、音量等言语特征可能暗示着他们的内心状态。例如，语速过快可能表明学生的紧张或激动，而语速过慢、语调低沉且音量小可能意味着沮丧或消沉。言语中的频繁停顿或混乱可能反映了学生的内心焦虑或思绪繁杂。辅导员还会观察学生主动提及的话题和回避的话题，这可以揭示学生可能的心理困扰。如果学生总是围绕家庭矛盾、人际冲突等负面内容，可能存在相关的困扰。同时，辅导员会留意学生回避的话题，如刻意不谈近期考试成绩，可能在该方面有心理压力。例如，当询问学生校园生活时，如果学生只谈社团活动，对学习相关问题避而不答，可能在学习上有难言之隐。情绪反应也是辅导员辨析学生心理状态的重要线索。辅导员会识别学生在访谈中的情绪变化，如提到某老师时突然愤怒，可能师生关系不佳；谈及未来规划时眼神暗淡、表情沮丧，可能对前途迷茫且缺乏信心。例如，在说到毕业去向时，如果学生愁眉苦脸，唉声叹气，显示出对未来的担忧与不安。此外，肢体语言也是心理状态的一个重要指标。辅导员会注意到，身体前倾可能表示对话题感兴趣或急于表达；后倾可能是在回避或抵触。频繁摆弄手指、抖腿等，可能是内心紧张不安的表现。例如，在交流过程中，如果学生一直抖腿，双手紧握，可能正处于比较紧张的心理状态。

（二）以心相交建立良好链接

在非结构化访谈中，辅导员与学生以心相交建立良好链接的重要性体现在多个层面。首先，辅导员需要树立正确的态度，认识到师生间感情基础对交流的重要性，并尊重每一位学生。面对内向或交流困难的学生时，辅导员应保持耐心，不急躁、不放弃，通过温和的态度鼓励学生表达，让学生感受到被重视，逐渐放下防备。其次，在倾听策略上，辅导员需要听清事实，客观接受学生提供的信息，避免先入为主的评判干扰信息收集。例如，当学生提到与室友的矛盾时，辅导员应客观地接受这一信息，为后续深入了解矛盾根源奠定基础。同时，辅导员要感受学生的情感，当学生表达因成绩不理想而感到沮丧时，辅导员应能感同身受，通过言语或非言语的方式让学生知晓其感受被理解，增强学生倾诉的意愿。此外，辅导员还需聚焦学生言语的深层含义。例如，若学生谈到想更换社团，辅导员要探究背后真正的原因，是因为人际关系不和谐还是对社团活动内容不感兴趣等，以便能针对性地给予建议或引导。同时，在言语与非言语行为配合方面，辅导员应根据学生的言语风格进行适配。如果学生习惯用活泼轻松的语言风格，辅导员也可适当采用类似风格回应，使交流氛围更融洽。同时，辅导员的非言语行为，如微笑、专注的眼神、身体微微前倾，保持合适的空间距离，都能无声地向学生传达"我在认真听你说"的信号，让学生更安心地敞开心扉。

（三）以情相伴掌握谈话内容

在非结构化访谈路径中，辅导员可以情相伴，通过精准提问和助力学生对感受的识别与分享，掌握谈话内容，从而深入了解学生的心理状况。辅导员通过合理选择提问方式，如非结构式提问和结构式提问，来探索学生的想法和澄清事实。非结构式提问，例如"你最近在学习上遇到的最大挑战是什么"这类宽泛无预设答案的问题，能给予学生充分的表达空间，让他们深入阐述内心的想法与困惑，帮助辅导员了解学生的心理状况。而结构式提问，如"你是否参加了昨天的社团活动？是或否"，可在特定情境下澄清事实，为辅导员提供具体信息。在优化问题表述时，辅导员确保问题具体、清晰、简单，以便获得确切的回答。例如，询问"你这周末的安排里有没有学习计划"比"你最近学习方面怎么样"更易得到确切回答，使辅导员能有效获取信息，精准定位问题关键。紧接着，辅导员还应引导学生表达感受，通过使用"你现在心里是什么样的感觉""能不能和我讲讲你当时的情绪"等语句，鼓励学生袒露内心情绪。当学生提及与室友的矛盾时，辅导员如此引导可以帮助学生梳理混乱情绪，深入体验自身情感，从而更好地理解学生的心理状态。此外，为了营造支持环境并观察学生的反应，辅导员在安静舒适的办公室交谈，并以温和的态度交流，让学生感到安全。在谈话中，辅导员应专注观察学生的非言语信号，如眼神游离可能表示紧张或回避，身体紧绷或许是在压抑情绪。通过这些观察，辅导员能更好地觉察学生的感受，并调整谈话策略，以深入了解学生的内心世界。

（四）帮扶落到实处，增进信任感

在非结构化访谈路径中，辅导员可通过精准把握学生需求、制定个性化帮扶方案、整合与调动资源以及持续跟进与评估，将帮扶切实落到实处并增进信任感。

首先，辅导员可通过耐心倾听和细致观察，深入了解学生面临的核心问题。这包括学业上的困境、生活中的难处以及心理层面的困扰。例如，通过多番交流，辅导员发现一名学生成绩下滑和情绪低落是由于家庭突发变故，从而明确了帮扶的需求点。只有精准定位学生的真实需求，才能为后续有针对性的帮扶奠定基础。其次，依据学生的不同需求，辅导员量身定制帮扶策略。对于学业困难的学生，辅导员可以组织学习小组，安排成绩优秀的同学与其结对互助，并定期进行学业辅导。针对家庭经济有问题的学生，辅导员详细讲解学校的资助政策，协助准备申请材料。面对心理困扰的学生，辅导员给予情感上的安抚与陪伴，并联系专业心理咨询师，制订心理疏导计划。最后，辅导员还要充分发挥桥梁作用，整合校内校外的各类资源为学生所用。在校内，辅导员与各学科教师、学生事务部门和心理健康中心保持密切沟通，争取更多的学习指导机会、资助名额和专业咨询与干预服务。在校外，辅导员联系校友资源，为学生提供实习、就业信息与机会，并与社区合作开展社会实践活动。值得注意的是，帮扶工作不是一次性的，辅导员应建立长期的跟进机制，定期与学生交流，了解帮扶措施的实施效果，并根据评估结果及时调整帮扶策略。通过每月与受帮扶学生进行深度谈话和每学期对其综合表现进行评估，辅导员确保帮扶工作始终贴合学生的实际需求，真正做到帮扶到实处，从而不断增进彼此之间的信任感。

（五）跟踪关注，巩固谈话实效

在非结构化访谈路径中，辅导员可通过设定复查节点、深入回访和长期效果评估与规划调整，跟踪关注并巩固谈话实效。比如，在谈话结束后不久，辅导员可主动与学生进行简单交流，询问其当下状态是否有变化，是否有新的想法或困扰产生。这种短期复查能及时捕捉学生在谈话后初期的情绪波动与思维转变，让学生感受到辅导员的持续关心，强化其对谈话内容的重视与思考。紧接着，在半个月到一个月后，辅导员可安排一次较为深入的回访，详细了解学生在谈话中提及的问题是否有改善的趋势。对于学习困难的学生，辅导员会询问学习方法调整后的效果；对于人际关系有问题的学生，了解其与他人相处模式是否有所优化。同时，进一步挖掘可能存在的潜在问题，为后续帮扶提供更精准的方向。第三次追踪应安排在每学期或每学年结束前夕，辅导员可进行一次全面的效果评估，对比谈话前后学生的综合表现，包括学业成绩、社交活跃度、心理稳定程度等方面的变化。根据评估结果，与学生共同规划下一阶段的发展目标与帮扶策略。若发现之前的谈话及帮扶效果不佳，辅导员会及时反思并调整方式方法，确保整个跟踪关注过程动态适应学生的成长需求，持续巩固谈话所取得的实效，使辅导员与学生之间的沟通与帮扶形成良性循环，以确保非结构化访谈的实效得到巩固。

第十一章　辅导员非结构化访谈攻略之学生篇

　　《教育部关于加强高等学校辅导员、班主任队伍建设的意见》明确指出，辅导员和班主任是高等学校教师队伍的重要组成部分，他们在大学生思想政治教育中发挥骨干力量作用，是大学生健康成长的指导者和引路人。随着国家对大学生思想政治工作的重视，辅导员在大学生思政工作中的地位愈发重要，他们不仅是学生日常事务的管理者，更是学生政治思想和道德观念的引领者、监督者。

　　在网络时代成长的"00后"大学生，具有与以往不同的价值观念和思想行为。他们更加注重个性化、自我化，对集体观念的理解相对缺乏。在信息渠道大为增加的条件下，他们可以获得更多的信息资讯，但由于分辨能力的不足，这也可能给他们带来更多的苦恼甚至是问题。新媒体的海量信息、即时呈现速度、开放泛化的信息传播方式和便捷高效的互动性，为大学生打开了一扇窗，但也带来了挑战。学生有时候更愿意在网络世界中敞开心扉，这给辅导员工作带来了一定的影响，同时也是一种挑战与机遇。

　　如何把不利情况转化为有利条件，运用谈话技巧在网络环境中更好地完成工作，值得辅导员加以重视。非结构化访谈作为辅导员工作的重要组成部分，在引导学生形成健全人格以及帮助学生适应大学生活的过程中发挥着极为重要的作用，掌握有效的访谈技巧对于学生心理健康发展至关重要。

非结构化访谈是维系高校心理安全的主要方法，是辅导员的基本功，是深入了解学生情况最直接和最有效的途径之一。通过与学生谈话，辅导员可以了解并掌握学生的思想动态，对学生在思想上的困惑与日常学习、生活上的困难给予有针对性的帮助，更好地开展工作。这对于学生形成正确的世界观、人生观、价值观，以及培养良好的道德品质和社会责任感具有重要意义。

因此，辅导员掌握非结构化访谈攻略，不仅能够提升自身的专业素养和工作能力，还能够更好地服务于学生的成长和发展，帮助学生解决实际问题，引导学生正确处理学习、生活中的困难和挑战，促进学生身心健康和全面发展。这对于构建和谐校园、培养社会主义建设者和接班人具有重要的现实意义和深远的战略意义。

第一节　辅导员非结构化访谈的基础技巧

一、辅导员非结构化访谈的误区

辅导员在学生发展中扮演着至关重要的角色，既是指导者也是朋友。非结构化访谈是实现这一角色的关键手段之一。通过访谈，辅导员能够收集关于学生发展的信息，满足学生的情感和心理需求，帮助他们解决成长中的困惑和实际问题。近年来，许多国内高校建立了非结构化访谈的工作指导体系，旨在为辅导员提供系统性的支持。然而，由于辅导员个人能力和素质的差异，他们在开展非结构化访谈工作时的效果参差不齐，有些甚至效果不明显。作为学生成长道路上的引导者，辅导员如何避免非结构化访谈中的常见误区显得尤为关键。

（一）原则性误区

1. 认为有效的访谈必须达成一致

在非结构化访谈中，一个常见的误区是认为只有达成一致的访谈才是有效的。这种观念实际上忽视了访谈的真正目的，即深入了解学生的真实想法和需求。当辅导员在访谈中追求一致性时，可能会无意中导致学生调整自己的表达以迎合辅导员的预期，从而忽略了那些独特和有价值的信息。这样的做法不仅限制了学生表达真实想法的空间，而且可能导致收集到的信息失去真实性和多样性，无法全面反映学生群体的真实情况。此外，当学生感觉到辅导员倾向于达成一致时，他们可能会出于对辅导员权威的尊重、对和谐访谈氛围的维护或担心自己的观点不被认可等心理因素，而不自觉地调整自己的表达，尽量向所谓的"主流观点"靠拢，甚至选择沉默或附和他人。这种情况下，访谈失去了原本的意义，学生与辅导员之间的沟通桥梁出现了偏差与阻塞。而从实际效果来看，强求一致的访谈难以发现潜在的问题与矛盾。学生群体内部本身就存在着各种各样的差异与分歧，这些差异恰恰是需要辅导员通过访谈去深入了解并寻求妥善解决办法的关键所在。如果在访谈中忽视这些差异而强行达成一致，那么那些隐藏在表面和谐之下的深层次矛盾与问题就会被掩盖起来，如同被隐藏在平静海面之下的暗礁，随时可能在后续的学生管理工作中引发更大的危机。

2. 谈话过程中人身导向定位明显

在辅导员的非结构化访谈中，谈话过程中的人身导向定位明显是一个重要的误区。这种倾向会导致访谈偏离其真正目的，即理解学生的真实感受和需求，以及探讨问题的实际情况。首先，当谈话以人身导向为主时，学生会感觉到被审视和评判，这会让他们感到不舒服，甚至产生抵触情绪。例如，在讨论学业成绩下滑的问题时，如果辅导员一开始就将问题归咎于学生的个人品性，如不自律，学生可能会感到被指责，而不是被帮助。这种感觉会导致学生关闭心门，不愿意分享他们的真实情况，比如可能因为健康问题或其他外部因素影响了学习效率。其次，人身导向的谈话方式容易使访谈偏离主题，导致获取的信息片面。在处理人际冲突时，如果辅导员一开始就对学生的性格进行评判，比如认为学生性格强势，这可能会忽略冲突发生的具体情况，如是否存在误解或其他同学的挑拨。这样的访谈无法全面了解事件的真相，也就难以从根本上解决问题。再者，过度的人身导向不利于学生的成长和改变。如果辅导员对学生进行贴标签式的评判，比如认为学生没有集体荣誉感或懒惰，这并不能帮助学生认识到自身真正的问题所在。实际上，学生可能因为对社团活动不感兴趣或时间安排冲突而不参与。这样的谈话无法给予学生正确的引导和激励，使其难以明确改进方向，也不利于培养学生正确的自我认知和解决问题的能力。

3. "授人以渔"的观念淡薄

在辅导员的非结构化访谈中，缺乏"授人以渔"的观念是一个关键误区，这不仅影响学生的成长和发展，也影响访谈工作的长远价值。首先，从学生能力培养的视角来看，非结构化访谈本应是挖掘学生潜力、提升其自主解决问题能力的机会。然而，当辅导员缺乏"授人以渔"的观念时，他们往往倾向于直接提供解决方案，而不是引导学生自己去分析和解决问题。例如，在学生面临学业规划的迷茫时，如果辅导员只是简单地给出建议，而不是引导学生分析自己的优势、兴趣和职业目标，学生就会缺乏对未来规划的深入思考和独立判断能力。这会导致学生在遇到类似问题时过度依赖他人意见，无法形成有效的自我规划和决策方法，对他们的长远发展不利。其次，从教育的可持续性来看，"授人以渔"观念的淡薄不利于教育效果的长效性。在处理学生宿舍人际关系矛盾时，如果辅导员只是充当"和事佬"，通过命令或安排的方式平息纷争，而不是引导学生学会沟通技巧、理解包容他人、自我情绪管理以及解决人际冲突的方法，那么类似的矛盾可能会在新的环境或其他社交场景中再次爆发。学生没有掌握处理人际关系的能力，导致辅导员需要不断地处理相同类型的问题，耗费大量精力却无法从根源上提升学生的人际交往素养，使得教育工作陷入低效循环。再者，从学生的个性化发展层面分析，淡薄的"授人以渔"观念忽视了学生个体差异。每个学生都有独特的性格特点、学习风格和成长背景。在面对学生学习方法上的困惑时，如果辅导员不注重引导学生探索适合自己的学习方法，而是统一推荐某种学习模式，对于那些习惯在晚间高效学习或者需要更多自主探索式学习的学生来说，这种做法不仅无法提高学习效果，还可能压抑学生的个性发展，阻碍他们发挥自身优势，影响学习动力与综合素质的提升。

（二）方法的误区

1. 谈话工作缺乏必要的准备

在非结构化访谈中，辅导员的准备工作至关重要，它直接影响着访谈的质量和效果。谈话对象的选择需要精心策划，以确保能够获取关键信息。如果辅导员随意选择谈话对象，可能会导致无法有效解决问题，甚至让学生感觉辅导员处事不公，从而抵触谈话。例如，在处理班级矛盾时，如果没有分析好先与哪一方交谈更有利于化解问题，就可能影响访谈的有效性。其次，辅导员需要充分了解学生的自然情况和心理状态，这是开展有效谈话的基础。如果辅导员忽视了这一准备环节，对学生的关键信息掌握不足，就会导致在谈心时无法把握正确方向，不能有针对性地引导话题、解决问题。例如，如果学生因家庭变故心情低落影响学习，辅导员若不了解这一情况，就可能无法提供有效的帮助，甚至加剧学生的反感。与此同时，谈话的时机和地点选择也同样重要。合适的时机和私密的地点能让学生更愿意敞开心扉交流。如果辅导员没有这方面的考量，随性开展谈话，可能会让学生难以全身心投入交流，甚至觉得尴尬、不自在，从而对谈话产生抵触情绪。此外，有些辅导员在谈话过程中完全没有章法，对学生的状态把握不准确，甚至出现把不同学生情况搞混的错误。这体现出他们在谈话前没有进行系统的准备工作，使得整个谈话关系难以良好地建立起来，学生对这样毫无准备、不专业的谈话容易心生反感，不愿积极配合。

2. 谈话过程不注意倾听和观察

在非结构化访谈中，辅导员的倾听和观察能力至关重要，但一些辅导员在实际操作中忽视了这些技能的重要性，导致访谈效果不佳。首先，倾听是实现良好交流的基础。辅导员需要耐心倾听学生的想法和感受，这是深入了解学生内心世界的最佳途径。如果辅导员急于主导谈话，不给予学生充分表达的机会，就很难真正了解学生面临的具体问题和深层次原因，从而无法提供有效的帮助和引导。其次，辅导员应善用摄入性会谈技巧，如中断、引导、情感反射等，来控制谈话方向，确保谈话围绕核心问题进行。然而，一些辅导员未能熟练运用这些技巧，导致谈话偏离主题或陷入混乱，影响了访谈的效果。此外，对学生状态变化的观察也是访谈中不可或缺的一环。学生的表情、语气、情绪变化等都是重要的信息反馈，能够反映他们内心的真实想法和对谈话内容的接受程度。如果辅导员忽视这些细节，只专注于自己想要传达的内容，就可能错过调整谈话策略的时机，导致学生感到不适，不愿意继续敞开心扉。频繁打断学生陈述和急于评论也是辅导员常犯的错误。这种做法不仅会破坏学生的倾诉欲和谈话节奏，让学生感到不被尊重，还可能导致辅导员错失重要信息。例如，如果辅导员在学生尚未完整表达自己的想法时就匆忙给出评价和建议，可能会遗漏关键细节，影响问题的解决。

3. 封闭式的问题和暗示性的语言较多

在非结构化访谈中，辅导员的问题类型和语言使用对学生的表达和访谈效果有着显著影响。封闭式问题由于其预设答案的特性，往往限制了学生的表达空间，使学生的回答变得简短而有限。例如，当辅导员频繁使用"是不是没按时完成作业"或"你这次考试没考好是因为没好好复习"这类问题时，学生可能会感觉自己只是在被动回应，难以展开深入的讨论，从而限制了他们表达自己的真实想法和情绪体验。长期而言，这种提问方式可能会降低学生参与访谈的积极性，影响访谈的深入和效果。与此同时，辅导员在访谈中使用的暗示性语言可能会对学生的自我认知和判断产生不良影响。当辅导员带有主观判断性地使用"肯定是你和同学相处方式不对，所以才闹矛盾了吧"这样的语句时，实际上是在将自己的观点强加给学生，这可能会导致学生开始怀疑自己的判断，接受辅导员未必准确的结论。这种做法不仅干扰了学生正常的思考与认知发展，也削弱了访谈帮助学生客观认识问题的能力。此外，虽然封闭式问题在某些情况下有助于获取重点信息，但也应谨慎使用。相比之下，开放式问题能够鼓励学生自由表达，提供更丰富、真实的信息，为辅导员提供更有针对性的帮助和引导。如果辅导员忽视这一点，过多依赖封闭式问题和暗示性语言，访谈就容易变得表面化和形式化，无法真正触及学生的内心世界，实现访谈的真正目的。

4. 忽视非语言形式沟通的作用

在非结构化访谈中，辅导员忽视非语言形式沟通的作用是一个常见的误区，这会极大地削弱沟通效果。根据赫拉别恩法则（Herbstein's law），人们在进行语言交流时，55%的信息是通过视觉传达的，38%的信息是通过听觉传达，而只有7%来自纯粹的语言表达（Herbstein，1970）。这表明非语言沟通在整体沟通效果中占据了绝大部分的影响力。忽视非语言沟通的消极影响表现在多个方面。首先，当辅导员在与学生交流时，如果只关注语言层面的交流而忽略了自身的体态语言和语调，可能会让学生误解辅导员的态度，感到不被重视，从而产生距离感，不愿意敞开心扉。例如，辅导员在讨论学生学业压力问题时，即使言语上表达关心，但如果体态语言表现出拒绝或严肃，学生也可能会感到辅导员并不真诚，进而不愿意分享真实想法。

二、辅导员非结构化访谈的基础技巧

（一）以真诚化解缺失的关爱

在非结构化访谈中，辅导员不仅仅是批评教育者，更需要推动建立一种基于尊重、热情和中立态度的良好关系。这种关系的建立有助于学生放下防备，更愿意分享他们的想法和感受。例如，当学生遇到挫折时，辅导员的接纳和共情能够让学生感到被理解，而不是被批评。相反，如果辅导员坚持批评教育的方式，可能会使学生关闭心门，阻碍访谈的深入进行。辅导员需要避免轻易评判学生，尤其是涉及人品、人格以及家庭朋友等方面。例如，面对学习成绩下滑的学生，辅导员应就事论事，探讨具体的因素，而不是直接指责学生懒惰或受朋友不良影响。这样做有助于引导学生正视问题，促进沟通的顺利进行。

在访谈前，辅导员对学生进行全方位了解并适时提及相关信息，是表达尊重的有效方式。这种准备能够让学生感受到被关注，更愿意分享内心想法。反之，如果辅导员对学生情况一无所知，谈话可能会显得空洞无物，降低学生参与访谈的积极性。此外，真诚的态度和适宜的谈话环境对于非结构化访谈同样重要。辅导员应选择安静且不受打扰的场所进行访谈，并在谈话中保持专注、给予回应，设身处地理解学生感受。例如，当学生倾诉家庭矛盾带来的痛苦时，辅导员的理解和同情能够让学生感到被重视，进而敞开心扉，坦诚交流困惑。

综上所述，辅导员在非结构化访谈中应以真诚、关爱和尊重的态度对待学生，避免评判和暗示性语言，以提升访谈质量，更好地服务于学生工作。通过这种方式，辅导员可以激发学生的自我成长潜力，实现非结构化访谈的教育与引导目的。

（二）将"拖累心理"正常化

在非结构化访谈中，辅导员有时会将学生的"拖累心理"视为正常化，这种做法实际上忽视了学生个体的特殊需求和心理困境。面对学生的阻抗现象，如简短回答或敷衍，辅导员应识别这些行为背后的深层原因，而不是简单地回避或放弃谈话。这些阻抗行为往往是学生内心深处不愿轻易示人的困扰或矛盾的信号，可能涉及家庭矛盾、学业压力或人际关系冲突等。因此，辅导员需要以诚恳的态度和适当的提问技巧来引导学生，如使用探讨性而非质问性的语气，将解决问题的主导权交还给学生，激发他们正视内心纠结的动力。此外，辅导员可以运用自我暴露技术和具体化提问等方法来化解学生的阻抗。自我暴露技术通过分享辅导员自身的类似经历或感受，拉近与学生的心理距离，而具体化提问则帮助学生更精准地表达内心感受，从而更有效地推动访谈的进行。对于心思敏感的学生，辅导员应主动告知学生，这种"拖累心理"是正常的反应，并强调集体的关怀与支持，以消除学生的顾虑，为深入了解和解决学生的心理问题奠定基础。

综上所述，辅导员在非结构化访谈中应重视学生的"拖累心理"，通过识别阻抗、诚恳交流、多元技术的应用以及正确认知和处理特殊心理，来提升访谈的质量和效果，帮助学生走出心理困境，促进其身心健康成长。

（三）以共情拉近心理距离

共情（Empathy）是指个体对他人情绪情感的理解、推断以及自身产生相似情绪反应的过程，包括认知共情和情感共情两个成分。认知共情指对他人所处情绪状态的推断和理解，情感共情是由他人情绪所引起的间接情绪体验。共情可以使个体准确感知他人所处的情绪状态并在此基础上做出恰当情绪反应，与亲社会行为密切相关，且对维系和谐人际关系至关重要（Decety&Jackson，2004；Hoffman，2000）。

在非结构化访谈中，辅导员运用共情技巧拉近与学生的心理距离至关重要。共情首先要求辅导员全方位地感受学生所传达的情绪与心境，这不仅仅是倾听学生的话语，更是要敏锐地捕捉其背后隐藏的情感波动。通过深入理解学生的情感体验，辅导员能够为建立深度联结奠定坚实的基础，从而更有效地与学生沟通。

在深入理解学生情感的基础上，辅导员需要用恰当且真诚的语言将这种理解反馈给学生。这种精准的表达能够让学生感受到自己的情绪被接纳和认同，知道自己并不孤单，辅导员与他们同频共振。这样的回应有助于学生打开心扉，进一步袒露心声，从而在心理上更亲近辅导员。此外，非语言沟通方式在共情中也扮演着重要角色。辅导员通过专注的眼神、微微前倾的身体姿势、适时的点头以及关切的面部表情等非语言行为，无声地向学生传递出"我在认真倾听，我理解你"的信息。这些非语言行为与言语上的理解回应相结合，能让学生更加真切地感受到被重视和被关心，从而增强对辅导员的信任感，使共情的效果得到显著强化。然而，在运用共情时也需要适度，避免过度卷入学生的情绪中而失去客观引导的能力。在共情过程中，辅导员应避免夹杂主观评判，而是专注于学生的情感痛苦，并帮助他们从经历中吸取教训，引导他们思考如何改正和成长。通过这种方式，共情能够成为促进学生积极改变的助力，而不是干扰因素。这样，辅导员就能成功拉近与学生的心理距离，使非结构化访谈顺利深入进行，达到更好的教育和引导效果。

（四）理解"自救耗竭"的杀伤力

在辅导员非结构化访谈情境中，"自救耗竭"是指学生在长期面临压力、困境却无法有效应对时，自身的心理能量不断被消耗，以至于到最后他们试图自救的能力也逐渐枯竭的状态（Hobfoll，1989）。例如，一个学生长期在学业压力和人际关系困扰的双重夹击下，一开始可能会尝试通过自我调节，如增加学习时间、主动与同学沟通等方式来解决问题，但如果这些努力都没有效果，他的心理承受力会不断下降，就像蜡烛燃烧殆尽一样，最终陷入"自救耗竭"。值得注意的是，当学生处于"自救耗竭"状态时，其杀伤力是多方面的。首先，在心理层面，学生会产生严重的无助感和绝望感，可能导致抑郁、焦虑等心理健康问题（Mazure，1998）。比如，他们可能会觉得自己无论怎么努力都无法改变现状，进而对生活和学习失去兴趣和信心。其次，在行为上，学生会表现出退缩、逃避等行为。例如，原本积极参加社团活动的学生，在"自救耗竭"后可能会逐渐远离这些活动，甚至开始逃课、不与他人交流。这种状态不仅影响学生的个人发展，还可能对周围的同学和整个班级氛围产生负面影响（Hobfoll&Freedy，1993）。

因此，辅导员需要深刻理解"自救耗竭"的杀伤力，在访谈中敏锐地识别学生是否处于这种状态。当发现学生有相关迹象时，要以理解和包容的态度去对待他们。不要轻易批评学生的退缩行为，而是耐心倾听他们的痛苦和困惑。同时，辅导员要帮助学生重建信心，引导他们寻找有效的应对策略。可以分享一些成功应对类似困境的案例，或者协助学生制订具体的行动计划，逐步恢复他们的"自救"能力，使学生重新燃起对生活和学习的希望之火，从而让非结构化访谈成为帮助学生走出困境的重要契机。

（五）帮助学生寻找自身价值

在辅导员的非结构化访谈工作中，帮助学生寻找自身价值是一项至关重要的基础技巧。这不仅有助于提升学生的自信心与自我认知，还能为其个人成长和学业发展提供强大的内在动力，进而营造积极向上的班级氛围与校园文化（Cohen，2009）。

首先，深入了解学生的兴趣爱好与特长是发现自身价值的关键切入点。辅导员在访谈过程中，应通过巧妙的提问与耐心的倾听，全面深入地了解学生在艺术、体育、文学、科学等各个领域的喜好与专长。这样的了解不仅能让学生感受到自己的兴趣爱好得到了重视与认可，还能为后续引导他们在这些领域中挖掘自身价值奠定坚实的基础。其次，鼓励学生积极参与各类活动对于他们体验到自身的价值至关重要。基于对学生兴趣爱好和特长的了解，辅导员要积极鼓励学生参与与之相关的校园活动、社团组织或比赛竞赛等。参与这些活动能够为学生提供展示自我的广阔平台，让他们在实践中不断锻炼和提升自己的能力，从而真切地体验到自身的价值。再次，引导学生树立正确的成败观在学生参与活动的过程中非常关键。辅导员需要发挥关键作用，引导学生在遭遇成功与失败时都能保持正确的心态。当学生取得成功时，要提醒他们保持谦逊的态度，将成功视为继续前进的动力；而当学生面临失败时，辅导员要给予充分的理解与支持，帮助他们分析失败的原因，鼓励他们从失败中汲取教训，重新振作起来。最后，提供个性化的发展建议与规划是帮助学生明晰自己价值所在的重要步骤。辅导员应根据学生的个体差异，为他们提供个性化的发展建议与规划。在了解学生的兴趣爱好、特长、学业成绩、性格特点等多方面信息的基础上，结合学生的长远目标与职业理想，帮助他们规划清晰明确且切实可行的发展路径。

第二节 辅导员非结构化访谈实战技巧

案例

　　见到学生M之后，辅导员随便问了问近几天上课情况，随后就说："怎么想起来想跟我聊聊最近的状态呀？最近遇到什么事情了吗？如果你想与我分享，我会尊重并保护你的隐私。"

　　学生M"对近期心不在焉的状态感到很抱歉，心情很低落"，就这样慢慢讲起最近她因为在班级QQ群里帮学习委员说了两句话而被班上有些同学笑话的情况，辅导员在其间一直认真倾听，不时给予点头、"是的""对啊"等肢体或语言的回应，让学生M慢慢敞开心扉，诉说着自己的苦恼和迷茫。学生M主要表达了以下几点意思：第一，她在班级群里发声是因为催收学生证注册的事情，也是为学习委员的辛苦抱不平；第二，事后班级有同学在QQ"说说"平台上议论此事，有不当言论，她认为都是针对她；第三，事后班级所有同学都好像不怎么理她；第四，她最后解除与班上所有同学的QQ好友关系。

在这种情况下，辅导员可以采取以下措施来应对。

首先，辅导员需要通过深度共情和情感确认来响应学生M的不愉快经历。辅导员可以表达对学生M所受委屈的深切理解和同情，例如说："我能真切感受到你在这件事情里受到了很大的委屈，你只是出于好心，却被同学们这样对待，心里肯定特别不好受。"这样的表述能让学生M感到被理解和支持，增强她继续倾诉的意愿，同时也巩固了双方的信任关系。

其次，辅导员应与学生M一起梳理整个事件的过程，并澄清一些细节。询问学生M在班级群里的发言内容、同学们在QQ"说说"上的具体不当言论，以及她是如何感觉到被班级同学冷落的。这有助于辅导员全面、准确地把握事件全貌，避免误解，同时也让学生M感到辅导员对她的事情给予了重视和认真对待，例如："你能和我详细说说那些同学在'说说'里都说了些什么吗？这样我能更好地了解情况。"

然后，辅导员需要引导学生M理性看待同学们的反应，并帮助她分析可能存在的误解因素，以及大家看似不理她是否存在其他原因。同时，也可以引导她反思自己解除与所有同学QQ好友关系这一行为的利弊，例如："也许同学们的议论并不是你想的那样针对你，会不会是有一些误会呢？你解除好友关系可能是一时冲动，这会不会让情况变得更复杂呢？我们可以一起探讨一下。"

最后，辅导员应与学生M共同探讨解决问题的方案。可以建议她主动与一些平时关系较好、比较通情达理的同学私下沟通，解释自己在班级群发言的初衷，了解同学们的真实想法；或者鼓励她在合适的班级场合再次表达自己对班级事务的关心和积极态度，化解误会。例如："你可以先找你的同桌或者同宿舍的同学聊聊，把你的想法告诉他们，看看他们怎么说，然后再决定下一步怎么做。我也会在班级里适当引导一下大家，促进大家的沟通交流。"同时，辅导员需要关注学生M的情绪状态，在后续的一段时间内持续跟进，确保问题得到妥善解决，学生的情绪和班级关系逐渐恢复正常。

一、辅导员非结构化访谈实战技巧

非结构化访谈是高校辅导员在思想政治教育工作中的一项基础且重要的技能，它体现了我们党"解决思想问题与解决实际问题相结合"的重要原则。2004年，中共中央、国务院在《加强和改进大学生思想政治教育的意见》中强调了广泛深入开展谈心活动的必要性。2017年，《关于加强和改进新形势下高校思想政治工作的意见》进一步明确了建立非结构化访谈制度的重要性，以加强人文关怀和心理疏导，促进大学生的身心健康和人格发展。教育部41号令《普通高等学校辅导员队伍建设规定》也再次强调了辅导员开展谈心活动的重要性。

非结构化访谈不仅是提升大学生思想政治教育工作的手段，也是教育和培养人才的必要途径。这项技能已被纳入国家对高校辅导员的职业要求，并受到教育部门的高度重视。通过非结构化访谈，辅导员能够深入了解学生的思想动态和内心需求，发现他们在思想、心理、学习和生活等方面的实际困难，并提供正确的教育引导和必要的帮助。其次，非结构化访谈的效果直接关系到高校管理的成效和辅导员的工作能力。因此，辅导员掌握非结构化访谈的实战技巧至关重要。这不仅有助于提升辅导员的专业技能，更是提高高校思想政治教育工作质量和促进学生全面发展的关键。通过有效的非结构化访谈，辅导员可以为学生提供个性化的指导和支持，帮助他们解决实际问题，同时也促进他们的思想成长和价值观塑造。这种访谈技能的运用，使得辅导员能够更好地履行职责，为学生的全面发展和高校的教育目标作出积极贡献。

（一）营造良好氛围

营造访谈的良好氛围涉及对访谈环境的细致考量，包括减少外界干扰、保护学生隐私以及创造一个支持性的环境。辅导员应选择合适的时间和地点，确保学生感到舒适和放松，从而降低他们的防备心理。在访谈开始时，辅导员可以通过简单的问候和友好的姿态来缓解紧张气氛，使学生感到被尊重和接纳。此外，辅导员应保持平和的语气和非威胁性的肢体语言，为学生提供一个安全的环境，让他们能够自由地表达自己的想法和感受。

（二）建立信任关系

建立信任关系要求辅导员展现出真诚和同理心，通过积极的倾听和非言语的肯定来建立与学生之间的联系。辅导员需要展现出对学生话题的兴趣和关注，通过点头、眼神交流等肢体语言来传达对学生的理解和支持。自我暴露应谨慎使用，仅在有助于建立信任和共鸣时分享个人经历，同时避免过度分享，以免分散学生的注意力。通过建立信任，辅导员能够鼓励学生更加开放和诚实地分享他们的想法和感受。

（三）运用有效倾听技巧

有效倾听是辅导员必须掌握的关键技巧。辅导员应全神贯注地聆听学生的每一句话，避免打断或过早地提出解决方案。在学生讲话时，辅导员可以通过重复学生的话或总结他们的观点来展示自己正在跟随学生的思路。这种积极的反馈不仅表明辅导员在倾听，也鼓励学生继续表达自己。辅导员还应培养对非言语线索，如学生的语调、音量和沉默的敏感性，这些都可能是学生情感状态的重要指标。

（四）巧妙提问，引导谈话方向

提问是引导访谈和深化理解的重要手段。辅导员应使用开放式问题来探索学生的想法、感受和经历，避免使用那些只能以"是"或"否"回答的封闭式问题。开放式问题能够鼓励学生进行更深入的自我反思和表达，帮助辅导员获得更全面的信息。同时，辅导员应注意提问的方式和时机，确保问题不会让学生感到被攻击或防御，而是感到被引导去探索和表达自己的内心世界。

（五）敏锐观察学生反应

辅导员需要对学生的学习反应保持高度敏感，包括他们的面部表情、肢体语言和情绪变化。这些非言语线索可以为辅导员提供关于学生内心状态的重要信息。辅导员应学会解读这些信号，并根据学生的反馈调整访谈策略。例如，如果学生显得不安或紧张，辅导员可以通过调整语调、放慢语速或提供保证来帮助学生放松。

（六）深度共情理解学生感受

共情是辅导员与学生建立深层次联系的关键。辅导员应努力理解学生的情感体验，并在回应中表达这种理解。通过共情，辅导员能够展示对学生经历的深刻理解和尊重，这有助于建立信任并促进学生的自我表达。共情也要求辅导员管理好自己的情绪反应，确保他们能够保持专业和客观，同时为学生提供支持。

（七）给予支持和相关信息

辅导员应提供情感支持和鼓励，帮助学生感受到被理解和支持。在学生面临挑战时，辅导员应提供实际的帮助和资源，如指导学生寻求额外的学术支持或职业规划。辅导员应确保提供的信息是准确和及时的，并且根据学生的具体情况进行个性化调整。这种支持不仅包括直接的帮助，还包括鼓励学生发展自我帮助的能力，使他们能够在未来独立面对挑战。

通过这些实战技巧，辅导员可以更有效地进行非结构化访谈，帮助学生解决思想和实际问题，促进学生的成长和发展。这些技巧的运用需要辅导员具备高度的专业素养和敏感度，同时也需要辅导员在实践中不断学习和提高。通过这些技巧的运用，辅导员可以更好地理解学生的需求，提供更有针对性的指导和支持，帮助学生克服困难，实现自我发展。

小贴士：沟通时给予简单直接的信息；

谈话中切勿沉默时间太久，说话切勿太多或太快；

问答时避免只有回答"是"或者"不是"等问题，可以采用更加积极肯定的问法，可以如实表达感受："不知道你承受了这么多，我想或许你以前一直也是如此把痛苦压在心里的。"

第三节　辅导员非结构化访谈关键技巧

在高校学生教育管理领域，辅导员与学生的沟通交流是确保教育管理工作得以顺利进行的关键。非结构化访谈作为一种重要的沟通技术，对于提升辅导员的关键沟通技巧、建立良好的沟通关系、深入了解学生内心想法、纠正学生错误认识以及妥善处理各种问题具有不可替代的作用。因此，辅导员掌握非结构化访谈的关键技巧显得尤为重要。首先，非结构化访谈的关键技巧能够帮助辅导员更有效地与学生建立信任关系。通过营造一个安全、舒适的访谈环境，辅导员可以降低学生的防备心理，使学生更愿意分享个人的想法和感受。这种信任关系是后续教育管理工作顺利进行的基础。其次，非结构化访谈的关键技巧使辅导员能够更精准地识别和理解学生的需求和问题。通过有效的倾听和开放式提问，辅导员可以收集到更多关于学生的信息，从而更准确地把握学生的真实状况，为制定个性化的教育方案提供依据。再者，非结构化访谈的关键技巧有助于辅导员更有效地解决问题。通过敏锐地观察学生的非言语行为和情绪变化，辅导员可以及时调整沟通策略，提供适当的支持和干预，帮助学生克服困难，促进学生的成长和发展。

此外，非结构化访谈的关键技巧还能提升辅导员的共情能力。通过设身处地地理解学生的感受，辅导员可以更深入地触及学生的内心世界，从而更有效地提供情感支持和心理疏导。最后，非结构化访谈的关键技巧使辅导员能够更有效地提供支持和相关信息。辅导员可以根据学生的具体需求，提供个性化的指导和帮助，包括学习策略、职业规划、心理健康等方面的支持，帮助学生实现自我发展。因此，高校辅导员应不断学习和实践非结构化访谈的关键技巧，以确保与学生的沟通交流能够达到最佳效果。

一、沟通技巧——看山技术

"看山技术"是一系列细致且关键的互动方式，对于建立有效的沟通关系至关重要。

（一）眼神要自然，不要一直直视

眼神交流是沟通中不可或缺的非语言信号，它能够传达沟通者的情感、态度和关注程度。在非结构化访谈中，辅导员应保持自然的眼神接触，这既是对学生的尊重，也是对其话语的认真倾听。然而，过度直视可能会让学生感到不适或压力，甚至产生防御心理。因此，辅导员需要掌握适度的眼神交流技巧。而适度的眼神接触可以传达出专注和兴趣，让学生感受到被重视和关注。辅导员可以通过眼神表达出对学生话语的重视，如微微点头、微笑等，以鼓励学生继续讲述。同时，辅导员也要注意不要长时间盯着学生，以免造成学生的紧张或不适。在访谈中，辅导员可以通过偶尔将视线移开，再自然地回视，仿佛在跟随学生的讲述节奏一同思考。这样的眼神交流方式有助于营造和谐的访谈氛围，使学生感到自在和放松，更愿意分享个人的想法和感受。

（二）用期待和关切的目光注视来访者学生

期待和关切的目光是辅导员向学生传达关心和支持的重要方式。在访谈过程中，辅导员应时刻保持对学生的关注，用充满期待和关切的目光注视学生。这种目光能够鼓励学生更深入地探讨自己的感受和想法，让他们知道自己的内心世界被辅导员所重视和认真对待。例如，在学生犹豫是否要讲述自己在学业压力下产生的厌学情绪时，辅导员可以通过目光传达出对学生的理解和支持。当学生看到辅导员那充满期待和关切的目光时，可能会鼓起勇气继续说下去。因为他们知道，自己的内心挣扎会被辅导员认真对待，而不是被忽视或轻视。这样的目光能够在辅导员与学生之间建立起情感的桥梁，使学生更愿意主动靠近并信任辅导员。这种信任关系的建立，为后续的深入交流奠定了良好的基础。

（三）反应感受，促进信任

准确反映学生的感受是建立深度信任的重要手段。在非结构化访谈中，辅导员需要认真倾听学生的讲述，并尝试理解其内心的真实感受。当学生讲述自己在社团活动中遭遇挫折而沮丧的经历时，辅导员若能回应"我能感觉到你现在因为社团的事情特别失落和挫败"，学生会惊讶于辅导员对自己情绪的精准理解。这种情感上的共鸣能够打破学生内心的防御壁垒，让他们相信辅导员是站在自己这边的，是可以倾诉内心深处秘密与困惑的对象。

通过反应学生的感受，辅导员不仅能够建立信任关系，还能够引导学生进一步深入探讨自己的情感和经历。例如，辅导员可以进一步询问："你觉得是什么导致了这种挫败感？你尝试过哪些方法来缓解这种情绪？"这样的问题能够引导学生更深入地思考自己的问题，并寻求解决方案。在后续的访谈中，学生也会更愿意分享更多真实且细致的信息，从而促进访谈朝着更深入、更有成效的方向发展。

（四）不随意插话，不打断其思路

在学生讲述过程中保持耐心倾听、不随意插话是尊重学生表达权的直接体现。在非结构化访谈中，辅导员需要认真倾听学生的讲述，理解其观点和情感。学生的思维往往是连贯且有其自身逻辑的，随意打断可能会打乱学生的思路，导致重要信息的遗漏或表达的不完整。例如，学生正在讲述自己在成长过程中与父母的关系时，辅导员应耐心倾听，不要急于插话或给出建议。因为学生的讲述可能包含了许多细节和背景信息，这些信息对于理解其当前的情感状态和问题至关重要。如果辅导员随意打断学生的讲述，可能会错过这些关键信息，导致对学生问题的理解不够全面和深入。因此，为了保持耐心倾听，辅导员还可以采取一些策略。例如，可以点头或微笑以示鼓励；可以适时地重复学生的话语以确认理解；可以提出问题以引导学生进一步阐述自己的观点和情感。这些策略都有助于保持访谈的连贯性和深度，同时让学生感受到被尊重和重视。

（五）积极倾听，展现同理心

积极倾听是非结构化访谈中辅导员必须掌握的重要技巧。它要求辅导员在倾听学生讲述时，不仅要关注其言语内容，还要关注其非言语信息（如表情、语气、肢体动作等），从而更全面地理解学生的情感和需求。

在倾听过程中，辅导员应展现出同理心。同理心是指能够站在他人的角度思考问题，理解其感受和需求（Hodges&Myers，2002）。当学生讲述自己的困惑或问题时，辅导员应尝试将自己置于学生的位置，想象自己处于相同的情境下会如何感受。通过展现同理心，辅导员能够更好地理解学生的内心世界，从而提供更加精准有效的帮助。为了展现同理心，辅导员可以采取一些具体的行动。例如，可以通过点头、微笑或简短的话语来表达对学生的理解和支持；可以通过眼神交流来传达出对学生的关注和关心；可以通过肢体动作（如轻轻拍打学生的肩膀）来传递出温暖和安慰。这些行动都有助于让学生感受到被理解和被关怀，从而更加信任辅导员并愿意分享更多真实的信息。

（六）适时提问，引导深入交流

在非结构化访谈中，适时提问是引导深入交流的重要手段。通过提问，辅导员可以引导学生进一步阐述自己的观点和情感，从而更全面地了解其内心世界和需求。同时，提问也有助于打破沉默和尴尬的局面，让访谈更加流畅和自然。

在提问时，辅导员需要注意以下几点：一是提问要具有开放性。开放性问题能够鼓励学生自由表达自己的想法和感受，而不是仅仅回答"是"或"不是"。例如，"你觉得这次经历对你有哪些影响"或"你希望在未来有哪些改变"等。二是提问要具有针对性。针对学生的讲述内容和情感状态进行提问，能够更深入地了解其内心世界和需求。例如，在学生讲述自己在学业上遇到的困难时，辅导员可以提问："你觉得这些困难主要来自哪些方面？""你尝试过哪些方法来克服这些困难？"三是提问要适度。过多的提问可能会让学生感到压力或不适，而过少的提问则可能导致访谈缺乏深度。因此，辅导员需要根据实际情况灵活调整提问的频率和方式。

（七）保持耐心，给予足够时间

非结构化访谈需要足够的时间来深入了解学生的内心世界和需求。因此，辅导员需要保持耐心，给予学生足够的时间来讲述自己的经历和感受。在访谈过程中，辅导员不要急于下结论或给出建议，而是要认真倾听学生的讲述，理解其情感和需求。因此，为了保持耐心，辅导员可以采取一些策略。例如，可以设定一个相对宽松的时间范围来安排访谈，以确保有足够的时间进行深入交流；可以在访谈前做好充分的准备工作，包括了解学生的背景信息、制订访谈计划等；可以在访谈过程中保持冷静和专注，不受外界干扰或情绪影响。同时，辅导员也要向学生传达出耐心和关注的态度，让他们感受到被重视和认真对待。例如，可以通过微笑、点头或简短的话语来表达对学生的理解和支持；可以通过眼神交流来传达出对学生的关注和关心。这些行动都有助于让学生感受到被尊重和被关怀，从而更加愿意与辅导员进行深入交流。

综上所述，辅导员在非结构化访谈中需要掌握多种沟通技巧来与学生建立信任、促进沟通。通过保持自然的眼神接触、用期待和关切的目光注视学生、反应感受促进信任、不随意插话打断学生思路、积极倾听展现同理心、适时提问引导深入交流以及保持耐心、给予足够时间等策略，辅导员能够更好地了解学生的内心世界和需求，从而提供更加精准有效的指导和帮助。这些沟通技巧的运用不仅有助于提升访谈的效果和质量，还能够增强辅导员与学生之间的信任关系，为学生的成长和发展奠定坚实的基础。

二、沟通技巧——抱持与共情

在非结构化沟通中，辅导员的抱持与共情确实是两项至关重要的技巧。抱持（holding）为学生提供了一个安全的情感空间，使他们能够在信任的环境中自由地表达自己的感受和想法（Rogers，1957）。这种支持性的环境有助于学生开放内心世界，分享他们的忧虑、恐惧和希望。共情（empathy）则涉及理解他人特有的经历，并相应地做出反应的能力（Eisenberg&Morris，2001）。它不仅仅是同情，而是要求我们先进入别人的世界，然后再对他人做出反应。共情能力的运用有助于建立信任和理解，提高沟通效果，解决冲突，提高人际关系满意度，并增强团队合作（Decety，2021）。因此，辅导员在非结构化访谈中应重视抱持与共情的重要性，通过这些技巧来建立与学生之间的信任关系，促进有效沟通，并帮助学生解决问题和促进个人成长。

（一）学会共情——富有同体之悲，避免无缘之慈

在启动正式访谈之前，辅导员需要进行充分的心理建设，确保自己处于一个中立的位置，避免带有长辈的权威态度，同时也不会过度投入。一旦访谈开始，辅导员应认真倾听学生的叙述，努力将自己置于学生的角度去体验他们的经历，感受他们的情感。在深入体验和感受之后，辅导员应尝试表达学生那些难以启齿的想法和感受，用"同体"的认知去打开学生内心紧闭的大门，让学生深切感受到被理解和认同。这样的共情能够鼓励学生勇敢地面对自己的内心感受，将深层的冲突释放出来，而不是一再压抑。如果辅导员未能完全站在学生的立场上去体验，而是从劝诫者的角度出发，试图让学生放宽心、看开一些，可能会导致学生再次压抑内心的冲突，更难以正视自己曾经的真实感受和自我。因此，没有经历过他人的痛苦，就不应轻易劝他人善良。适时的共情不仅能够拉近辅导员与学生之间的距离，还能为后续收集学生的基本信息和进行转介工作打下坚实的基础。通过这样的方法，辅导员能够更有效地帮助学生面对和处理他们的心理问题，促进他们的个人成长和发展。

实战建议

　　共情在心理咨询中的作用，主要表现为其对建立良好咨访关系具有重要意义。在许多心理咨询专家的眼中，与来访者关系的质量远比咨询者所使用的咨询技术来得重要。共情为求助者提供了一种必要的环境，使求助者被压抑的自我及被压抑的、无法忍受的痛苦情感浮现出来，能够被理解并受到治疗师的帮助和调整。在建立有效的咨询关系中，最强有力的因素莫过于让来访者能够感受到自己被深深地理解和接纳。因此，辅导员进行在非结构化访谈时，也应该熟练地运用此技术。

　　辅导员能理解学生的想法和情绪，并与其交流这种理解。要达到这两个方面，辅导员必须积极地倾听。这种听不是表面的泛泛而听，而是要真正"听"出来访者所讲述的事实、所体验的情感、所持有的观念等。要注意学生的言行，观察其在讲述时的语调变化、面部表情、身体姿势等。只有在积极倾听的基础上，才能实现对学生问题的把握和理解，为共情奠定基础。

　　辅导员要保持开放的态度，暂时地抛开自身的社会角色，放下自己的参照标准，设身处地使自己融入学生的立场和处境去体会其情绪、行为和面临的心理压力。同时，辅导员要尽可能排除自己的知识经验、价值观、个性特点和兴趣爱好的干扰，避免以自己的立场、观念、标准和感受去认定和判断来访者的实际情况。

辅导员在对学生的信息进行收集和其情绪情感真切感受的基础之上，要回到自身的角色上来，而不应被来访者不愉快的情绪所淹没。同时，理智地梳理访谈学生的信息，避免长久地停留在体验上，对被访谈学生的处境、内心感受和行为表现作出有利于问题解决的言语性反应和非言语性反应。

辅导员的共情是否适合学生必然会在访谈学生对共情的反馈中体现出来，因此辅导员应该密切注意并重视学生对共情的反应。如果共情不恰当或不到位，辅导员可以灵活地做出改变。每一位来访学生都是独特的，非结构化访谈的过程也是充满变化的，因此共情要符合当时的情景和访谈学生的需要。只有十分留意学生的反馈信息，才能不断地调整辅导员的反应方向和内容，真正达到共情境界。

（二）了解心路历程

深入了解学生问题产生的心路历程对于理解学生至关重要，辅导员通过引导学生回顾问题是如何开始、发展以及演变的，能够构建问题发展的时间线和情境脉络，从而发现问题的根源。在这一过程中，辅导员通过细致的询问帮助学生梳理情感和行为的变化，识别出影响他们的关键事件和情感体验。辅导员的提问旨在探索学生的感受如何随时间逐步累积和变化，以及这些感受如何影响他们的行为模式。通过询问学生如何应对这些感受，辅导员可以了解学生的自我调节策略和效果，同时评估学生的支持系统，了解哪些支持对学生最有帮助。此外，探讨学生的自我认知有助于他们认识到自己的行为模式，并激发改变的动力。辅导员的这种细致入微的理解和同理心为学生提供了个性化和有效的支持，帮助他们克服困难，促进个人成长和发展。通过这样的深入交流，辅导员能够更精准地把握问题的核心，为后续的帮助和引导提供依据。

（三）询问父母是否知晓及家庭中具体情况

家庭环境是塑造学生个性和行为的重要因素之一，它对学生的心理健康和学业成就有着不可忽视的影响。通过询问学生父母是否了解其当前的状况，辅导员可以评估家庭对学生问题的认识程度和可能提供的支持。如果发现学生的问题长期存在而父母却一无所知，这可能反映出学生与家庭之间的沟通障碍，或者学生可能担心自己的问题会给家庭带来额外的压力和担忧。此外，进一步探讨家庭内部的具体情况，包括家庭氛围、亲子间的互动模式、家庭成员的健康状况以及家庭结构等，对于理解学生问题的家庭背景同样至关重要。这些信息有助于辅导员识别家庭因素如何影响学生的情绪和行为。例如，家庭中的冲突和紧张关系可能会导致学生感到焦虑和不安，影响他们的注意力和社交能力。了解这些背景信息后，辅导员可以更全面地理解学生的行为和情绪反应，并在必要时与家长进行有效沟通并寻求合作，并通过与家长的沟通，共同探讨如何改善家庭环境，增强家庭支持系统，以及如何为学生提供更适宜的成长氛围。这种合作不仅有助于解决学生当前的问题，还能够预防未来可能出现的心理和行为问题。辅导员可以提供专业的建议和资源，帮助家长理解学生的需求，并学习如何更有效地支持和引导学生。同时，辅导员也可以通过学校资源，如心理咨询服务，为学生提供额外的支持。

由此可见，了解学生的家庭背景对于辅导员来说是至关重要的，它不仅有助于识别和理解学生问题的家庭根源，还能够为辅导员提供与家长合作的机会，共同为学生创造一个充满支持和理解的环境，促进学生的全面发展。

（四）了解学生是否有求助过专业机构

了解学生是否曾向专业机构求助是评估学生对自身问题认知和解决问题意愿的重要途径。这不仅帮助辅导员了解学生是否已经采取了积极的措施来应对自己的问题，还能够揭示学生对专业帮助的态度和接受度。通过询问学生之前的求助经历和效果，辅导员能够更好地理解学生的需求和期望，以及他们在求助过程中可能遇到的问题和挑战。如果学生已经有过求助经历，辅导员可以通过细致的对话来了解学生在专业机构中的具体体验，包括他们与咨询师的互动内容，以及感到有帮助的方面以及尚未解决的问题。这样的对话有助于辅导员评估学生之前的求助效果，并在此基础上提供更加精准的支持，避免重复劳动，同时也能够针对学生未解决的问题提供进一步的指导和建议。对于那些未曾求助过专业机构的学生，辅导员可以介绍专业机构的功能和可以提供的资源，强调专业帮助的益处和重要性。辅导员可以向学生说明，专业机构如心理咨询中心拥有经验丰富的专业人员，他们能够提供专业的指导和支持，帮助学生更好地理解和处理自己的问题。通过这样的介绍，辅导员可以鼓励学生考虑寻求专业帮助，增强他们解决问题的信心和能力。此外，辅导员在与学生的交流中，应保持开放和非评判性的态度，尊重学生的感受和选择，同时提供必要的信息和支持，帮助学生做出适合自己的决策。通过这样的方式，辅导员能够与学生建立起信任关系，促进学生对专业帮助的接受，从而更有效地支持学生的个人成长和发展。

（五）希望辅导员提供怎样的帮助

明确学生希望从辅导员那里获得何种帮助是至关重要的，因为这直接关系到辅导工作的方向和效果。学生的需求可能多种多样，有的可能寻求情感上的支持和共鸣，希望辅导员提供一个安全的空间，让他们能够自由地表达自己的感受和困惑。对于这类学生，辅导员的角色更多的是一个倾听者和共情者，通过倾听和理解来给予学生心理上的支持。另一方面，有些学生可能期待辅导员在具体问题上提供实际的帮助，比如职业规划、学术指导或个人发展等方面的建议。这些学生可能需要辅导员提供具体的资源，如行业信息、职业测评工具，或是协助他们与行业内的专业人士建立联系。辅导员需要根据学生的具体情况和需求，提供个性化的指导和资源链接。值得注意的是，在这一过程中，辅导员的耐心倾听是不可或缺的。通过倾听，辅导员能够深入了解学生的内心世界，把握他们的真实需求，并据此提供恰当的回应和帮助。同时，辅导员也需要具备灵活性，根据学生的反馈调整自己的辅导策略，确保所提供的帮助能够满足学生的需求。如果学生的需求超出了辅导员的专业能力范围，辅导员应坦诚地与学生沟通，明确自己的能力界限，并积极寻找其他可能的资源或途径来支持学生。这种诚实和透明的态度有助于建立学生对辅导员的信任，同时也确保学生能够得到最适合他们的帮助。

通过了解学生的期望，辅导员能够更有针对性地提供帮助，这不仅能提高解决问题的效率，还能增强学生对辅导员的信任和依赖。辅导员的这种以学生为中心的辅导方式，有助于建立一个支持性的环境，促进学生的个人成长和问题解决。

案例

学生：老师，我觉得大家都不喜欢我，都很针对我。

老师：你为什么觉得大家都不喜欢你呢？

学生：寝室同学说我坏话，班上同学也对我不冷不热的，而且我学习成绩都是前几名，大家还不选我当学习委员，和我竞争的同学学习成绩那么差，大家还都选她，学习委员不就是需要学习成绩好吗？大家都在针对我，觉得我哪里都不好，我活着也没什么意义了，我和他们都合不来。

老师：你不要这样想，你学习成绩这么好，确实是更适合当班上的学习委员，这样能够领导和监督班上同学的学习，老师之后会去协调这件事，你不要伤心了，其实大家都是很喜欢你的。

学生：谢谢老师。

案例中老师的做法是否正确呢？

结合之前的内容，我们不难看出，案例中的老师将学生的现实问题作为解决心理困惑的手段，认为满足了学生想当"学习委员"的愿望是合情合理的，同时还能很快安抚好学生的情绪，但这种满足只存在于情绪中的激情层面，快乐只是短暂的，当上学习委员之后，为了获得心灵上的更大满足，学生将会把更多的现实问题抛给老师。所以遇到学生提出这种要求时，我们应该选择在情感上理解他，支持他，但现实问题还是需要他自己来面对。

谈话技巧演示

学生：老师，我觉得大家都不喜欢我，都很针对我。

老师：你为什么觉得大家都不喜欢你呢？

学生：寝室同学说我坏话，班上同学也对我不冷不热的，而且我学习成绩都是前几名，大家还不选我当学习委员，和我竞争的同学学习成绩那么差，大家还都选她，学习委员不就是需要学习成绩好吗？大家都在针对我，觉得我哪里都不好，我活着也没什么意义了，我和他们都合不来。

老师：你的学习成绩很优秀，是适合担任学习委员的，但是竞选中你没有获得大家支持，所以感到很难过，也很孤独？

学生：嗯，因为我觉得我就是应该竞选上的呀！

老师：似乎你很不甘心？

学生：对，她（竞选对手）不就是人缘好点吗？我知道我脾气不好，大家觉得我不好相处，可是，我就是这样的性格，改不了呀！

老师：改不了了？

学生：嗯，因为我觉得我和大部分人想法都是不一样的，他们根本就不理解我，我真的就适合一个人生活。

老师：一个人生活就当不了学习委员了呀！

学生：所以我也想改变，可是我也不知道怎么改呀。

老师：不知道怎么改？（重复学生的话，激发他思考）

学生：对，我性格太直，有什么都要说出来，不过大家好像不喜欢听这些。

老师：所以你其实已经知道竞选不成功的问题出在哪儿了？

学生：嗯，我真的太想表达自己了，没关注到听者的感受。

案例分析

> 　　从谈话技巧演示中可以看出：当学生提出现实问题时，背后往往都隐藏着更深的情感，案例主人翁虽然表述自己是想当"学习委员"，而实际是对人际关系中不被接纳的反抗，他希望获得大家的喜欢和认可，所以在询问学生希望辅导员老师做什么时，要注意甄别学生欲求背后的情感，引导来访者梳理出这种情感，理解和支持它，最重要的是让来访者自己拨开"糖衣"，正视自己的情感。

（六）了解学生目前最担心的是什么事情

　　了解学生内心最担忧的事情对于辅导员来说至关重要，因为它能够帮助辅导员直接触及学生当前面临的主要压力和焦虑。这些担忧可能涉及多个方面，包括学业成绩、人际关系、家庭问题、个人发展等。通过识别这些核心问题，辅导员可以更有效地定位学生的需求，并提供针对性的支持。当学生表达出对即将到来的重要考试的担忧时，辅导员能够识别出学业压力是学生当前的主要关切点。这种担忧可能与毕业要求、未来就业前景或其他个人目标紧密相关。辅导员通过深入询问学生在备考过程中遇到的具体困难，可以更准确地把握学生的困扰所在，从而提供更有针对性的帮助。同时辅导员还可以询问学生在备考中遇到的最大挑战是否是时间管理问题、考试技巧不足，或是对特定考试内容的掌握不牢固等。通过这样的对话，辅导员可以了解学生的具体需求，并据此提供个性化的解决方案。这可能包括推荐高效的学习资料、介绍科学的学习方法、安排学习小组进行互助学习，或是提供一对一的辅导等。此外，辅导员还可以帮助学生制订合理的学习计划，教授时间管理和压力管理的技巧，以及提供心理支持帮助学生缓解焦虑情绪。通过这些具体的措施，辅导员不仅能够直接解决学生的学业问题，还能够增强学生面对挑战的信心和解决问题的能力。

第四节　辅导员转介技巧

在完成对学生基本信息的收集和对其心理状况的初步评估之后，我们可能会发现一些学生处于中高风险状态，这时就需要考虑将他们转介给更专业的心理健康服务机构。在正式进行转介之前，一个关键步骤是与学生进行沟通并获得他们的同意。这个过程考验着辅导员的沟通技巧和建立信任的能力。在访谈过程中，辅导员需要与学生建立起一种支持和信任的关系，以确保学生不会将转介视为一种被遗弃的行为，从而避免引发或加剧他们的心理问题，影响后续的咨询和治疗。那么，我们如何提高转介的成功率呢？以下是一些可以采取的策略。

一、肯定其痛苦非脆弱及自私

学生在原生家庭中从父母那里接收到太多批评和否定，自身承受着巨大的心理压力，为了不给父母增加"负担"，他们总会选择反复压抑心中的痛苦情绪，给家人、朋友和老师塑造一种快乐的假象，他们往往不敢承认和直面自身存在的负面情绪，甚至把它们当作"阴影"关在小黑屋，可是这种负面情绪并不会因为忽视和压抑就减弱，相反，它会变幻成一种更强的力量在学生内部引起惊涛骇浪。《疾病的希望》一书中曾提到，攻击性并不会因为压抑就消失，它只是将攻击的对象从外部转向内部，反复压抑的终点将是自我毁灭。攻击性也是负面情绪的一种，反复压抑自身的负面情绪也将走向同样的结局。因此，在访谈工作中，了解到学生的痛苦经历时应该及时肯定对方，让他明白：在这样的经历中，会产生痛苦的情绪是人之常情，你已经坚持了很久了，老师也觉得你太不容易了，你不想让自己的痛苦情绪给别人带来负担，你真的非常懂事。通过这种方法来抱持他，而不是在这种情况下跟学生讲道理或评对错。因为对于这种已经成为过去的痛苦事件，承接住学生的情绪比事实本身的对错更重要，因为事实已经存在，无法穿越回去再改变。

案例

小M：我记得在我小时候，有一次妈妈过生日，那时候我只有8、9岁，没什么钱，但是我又特别想给妈妈送一份生日礼物，让她开心，就趁她做午饭的时候带着弟弟偷偷去后面的山上采了很多很多野花，回家后我高兴地把花拿给妈妈，对她说生日快乐，可是她没有很高兴，反而骂了我，说我不该带着弟弟到处跑，说我采的野花很脏，然后顺手就扔进了垃圾桶。（小声哭泣）

老师：妈妈怎么会这样呢，你辛辛苦苦采摘的花就直接扔了，没事的，老师理解你，这件事情是你妈妈的错，她没有好好珍惜你的心意。

小M：谢谢老师，但是这件事我自己也有错，我不该带着弟弟出去的，而且采的野花确实也很廉价。

老师：那这也不能全怪你啊，当时你还小，也没有经济收入，再说了，你当时和弟弟都是小孩子，有些缺乏安全意识也是情有可原的。

小M：谢谢老师理解。

谈话技巧演示

小M：我记得在我小时候，有一次妈妈过生日，那时候我只有8、9岁，没什么钱，但是我又特别想给妈妈送一份生日礼物，让她开心，就趁她做午饭的时候带着弟弟偷偷去后面的山上采了很多很多野花，回家后我高兴地把花拿给妈妈，对她说生日快乐，可是她没有很高兴，反而骂了我，说我不该带着弟弟到处跑，说我采的野花很脏，然后顺手就扔进了垃圾桶。（小声哭泣）

老师：你当时肯定很难过吧，自己的"心意"被妈妈随手扔了。

小M：嗯，可是这件事我自己也有错，我不该带着弟弟出去的，而且采的野花确实也很廉价。

老师：你想送妈妈礼物的这种心意是无价的。

小M：可是当时妈妈把它扔到了垃圾桶里。

老师：你觉得妈妈并不喜欢你的"心意"，甚至选择了将它扔掉？

小M：嗯，我感觉我做什么妈妈都不喜欢。

老师：做什么妈妈都不喜欢？（重复自己的疑问，激发学生深思）

小M：弟弟上幼儿园画了"全家福"，妈妈就夸他，我送的花妈妈就扔掉了。从小到大都是这样，我知道我做什么妈妈都不喜欢我。

老师：嗯，这不是你的错。

小M：嗯。

老师：这不是你的错。（用重复来肯定学生内心的感受）

案例分析

从案例中可以看出，主人翁面对妈妈扔掉自己送的花，并当着弟弟的面批评自己这件事感到很难过，但是她不敢直面这种情绪，在难过背后还存在着对妈妈的失望和埋怨，但是孩子对父母的包容度是远高于父母的，在血浓于水的亲情中，在父母恩重如山的养育之恩下，她选择压抑自己的痛苦，以及痛苦背后的一切，反而将这种攻击性转向自己，归因于这其实都是"我"的错，是"我"要带着弟弟出门的，这种不安全因素让妈妈担心了，是因为"我"没钱买礼物，才送了野花这种廉价的礼物，这才让妈妈不高兴。所以在访谈中，只是反复强化事实：这件事都是妈妈的错，错的原因有哪些，并不能真正让她心中的痛苦情绪消散，因为事实已经无法改变。这时辅导员选择从"情绪"入手，让学生在诉说痛苦时，得到老师的理解和肯定，并看到她背后为了父母、为了身边的人所做的努力，她不是一个脆弱和自私的人，这些痛苦也并非她造成的。

二、感受其长期承受煎熬对身心的影响

当学生在老师的肯定下，敢于直面自己的内心时，老师要鼓励学生将自己所经历的事情展开来诉说，越详细越好。学生在言说时自然而然会被带入当时的情景，他会再次体验曾经的感受，这种难过、痛苦、压抑的感受会让他再次陷入痛苦，此

时访谈老师也会有所感受，也许是同情，也许是心疼，从而更深刻地理解学生长期处于这种状态下身心遭受的伤害。

当老师切身感受到学生长期承受着何种煎熬时，自然能理解学生目前的行为表现，例如，学生非常内向，不善于表达自己的想法，在老师的关心中回答："老师，我没事，我现在的状态挺好的，我自己能控制住。"如果我们完全相信了学生的表述，换而言之，这也正好符合我们的期待，那很可能会造成低估学生身上风险性的结果。当老师切身感受到学生长期承受着何种煎熬，就很容易识破学生放出的"烟雾弹"，他内心中正承受着太多无法言说的痛苦，但是当下也并非"逼迫"他说出内心痛苦的绝佳时机，因为目前我们还无法进入学生内心的最深处，但是我们可以对他现在的状态给出一个合理的解释，正是因为曾经经历过，甚至现在还在经历着痛苦和煎熬，所以他害怕给别人带来困扰，怕自己成为包袱，于是选择压抑自己，伪装出了一个"乖孩子""健康的孩子"。

三、肯定其在重压之下取得的成绩和艰辛

理解学生隐藏在长期煎熬下的脆弱和无助后，回顾学生目前的状态，我们都将为他的耐力折服，甚至有的学生为了回避痛苦，将所有的专注力都放在工作和学习上，成绩斐然。但无论他能否取得斐然的成就，他现在能以一个"生"的状态出现在我们面前已经很不容易了。所以辅导员在访谈中要肯定学生在重压下所取得的成绩，这就如同赛跑比赛中负重前行一样，每一步都不容易，不仅要处理实际的工作和学习问题，还要学会和自己的痛苦共存。其次，家长、老师、同学往往都只关注

该同学的学习状态和经过意识加工展现出的形象，容易低估他们内心所承受的痛苦，辅导员老师在访谈过程中对该同学的理解，能让同学更容易放下心中戒备，将内心最真实的想法表达出来。在同学表达过程中，老师积极的关注和真挚的回应将再次激发学生心中常年被忽视的无助，最终充分信任老师，推进访谈工作的深入进行。

在老师的肯定中，有些学生会选择逃避，他可能会说"这不算什么，只要努力一下都是可以达到的"。他选择性地忽视了自己在努力的过程中意志力的付出，这背后的原因很复杂，我们也不需要在初次访谈中就一定要了解背后的动因，相反，发自内心地肯定他就行了。学生言语的回避可能恰好反映出内心力量的缺乏，这种肯定也将学生的关注点从外引向内部，让学生看到自己内在的努力和抗争，促进学生对自身心理状态的关注，肯定自身已经存在的积极力量。

四、寻找其才华和天赋所在

辅导员老师肯定学生在重压下取得成就时，学生会将关注点逐步由外转向内部，无意识中的戒备感降低。此时再次引导学生一起探寻自身的才华和天赋所在。在正式开始这部分内容之前，我们要先分清什么叫天赋和才华，这是遗传环境影响下，我们个体出现的差异性——它可能是由我们的兴趣引发的，也可能是我们生而具有，不需要太多意志努力就能习得的能力。所以，这种才华和天赋绝对不仅仅是指学生是否听话和懂事，听话和懂事只能代表他们的行为是符合我们的预期和要求，满足我们家长、老师喜好的行为。只是肯定"听话和懂事"，而非学生的"天赋和才华"，只会让学生陷入讨好和隐藏自己的恶性循环当中，更容易迷失自己。

"阳光抑郁症"为什么会出现呢？因为抑郁症患者往往心灵都比较脆弱，性格相对敏感，当他们将自身的心理状态告知周围可信赖的亲人朋友却只是得到冷漠的回应时，他们很可能会受到二次伤害。在许多家长心中，孩子的抑郁症不过就是心情不好，或为了获得关注而伪装出的假象，当然这其中也不乏家长存在"病耻感"。患者感受到自己的痛苦不仅未被理解，反而被大家当成负担，便隐藏了自己，在大家面前展现出开心快乐的样子，似乎是对周围的人说我已经好了，我每天都特别开心，希望你们不要再对我区别对待了。

回到该部分内容，我们寻找学生天赋的才华目的是希望学生能够在关注内在力量时，充分信任自己，相信自己具备改变现状的能力，每个人身上具备的天赋都并非完全一样的，而他也并非一无是处的。在访谈过程中，我们可以通过平时对学生的观察和了解来探寻到这种深埋在学生体内的强大力量。

五、转移——分享事例，寻求救赎之路

通过前期工作，我们已经将学生的心门敲开，学生开始与老师建立起信任感，压抑在心中的情感就像蓄势已久的火山般等待随时爆发，这时，一个相同类型的案例无疑是最好的突破口。相信每一位辅导员老师心中都有这样的案例。

面对有抑郁倾向的学生，我们可以引导并告诉他/她，曾经有一位和他/她差不多经历的学长或者学姐，通过积极配合医院治疗和参与心理咨询，心理问题有了极大的好转，现在

已经能正常地生活和工作。强调抑郁症的普遍性和"可治疗性"，案例中要给学生希望，其实抑郁症只要发现得及时，医从性高，能够谨遵医嘱积极服药，是完全有希望康复的。同时也不要惧怕抑郁症，不要将抑郁症和精神病混为一谈，从而误认为患病是一件非常可耻的事情。好多人往往因为强烈的病耻感，才耽误了最佳的治疗时间，当异样的行为被大家发现时，自残和自杀行为往往已经发展到无法完全自控的水平。所以要鼓励来访同学，他/她很勇敢，能够在疾病面前表现真实的自己，同时传递一种思想，"抑郁"就像心灵的"感冒"一样，我们对于身体的疾病总是表现得真实且知道如何自我疗愈，但面对心理问题时，似乎却是完全相反的思路，大家开始自我谴责，认为自己就应该是那个被命运抛弃的人，在自怨自艾中不断消耗自己，最终走向自我毁灭。

当然在这样的案例中，家庭的参与也是非常重要的，越来越多的研究都指出原生家庭对于一个人成长存在重大影响。弗洛伊德曾提出，口欲期的固着易造成成年后的抑郁倾向，肛门期的固着则显著影响了成年后的强迫倾向。因此家庭环境的影响是我们绝对不能忽视的因素。受传统文化思想的影响，父亲在家庭中总是占据着绝对权威者的地位，而母亲在这段关系中的位置就显得尤为重要，有些母亲在权威父亲的面前会自愿让出位置，自己好像也成为丈夫的附庸品，殊不知父母都是孩子人格形成过程中非常重要的部分，父母精神地位的悬殊也会让孩子内心潜在力量不足。因此，在我们的案例中也可以补充这些原因，让学生能够更加清楚地明白自己现在的问题在哪儿，当学生对自己的心理问题了解更深入，才能更好地解决问题。

六、深入沟通，实现转介

当前期铺垫已经完成，学生对克服心理问题已经有十二分的信心时，辅导员老师则可以开始向学生建议就医或专业心理咨询转介的内容，并适时强调遵医嘱的重要性及专业心理咨询的原则等。特别在解释转介原因时，辅导员需清晰、耐心地说明为什么需要专业的帮助，强调转介是为了学生的利益，为了能够提供更有效的支持和治疗。辅导员会倾听学生的担忧，认真解答他们的疑问，以减少学生的恐惧和不确定感。

在非结构化访谈后，实现学生转介的具体操作是一个细致且复杂的过程，它要求辅导员不仅要有专业的评估能力，还要有良好的沟通技巧和资源协调能力。辅导员首先要对学生进行全面的评估，这包括了解学生的个人背景、心理状况、行为表现以及社会支持系统等。在评估过程中，辅导员需要识别学生的问题是否超出了自己的专业处理范围，比如严重的精神健康问题或复杂的法律纠纷等，这些情况都需要专业的人员介入。在确认需要转介后，辅导员需选择合适的转介资源。这可能包括校内的心理咨询中心、学业辅导部门，或者在必要时，拓展到校外的专业精神卫生医院、法律援助机构等。选择合适的资源后，辅导员需要与学生和家长进行充分沟通，解释转介的必要性，确保他们理解并同意这一步骤。在沟通时，辅导员要展现出同理心，让学生感到被支持而不是被遗弃。接下来，辅导员要与转介机构进行对接，提供学生的详细背景信息和当前的心理状态，以便转介机构能够迅速而准确地响应学生的需求。同时，辅导员应与转介机构协商后续跟进的方式，包括定期更新学生状况、参与治疗计划的讨论等。值得注意的是，在学生被转介后，辅导员还需持续关注学生的情况，与家长和转介机构保持沟通，跟踪学生的治疗进展。如果发现转介后学生的情况没有改善或者出现了新的问题，辅导员需要及时与转介机构沟通，共同分析原因，并考虑是否需要调整治疗方案或寻找其他更适合的资源。此外，辅导员在整个转介过程中扮演着协调者的角色，需要确保学生的需求被听见，同时也要作为学生在学校中的代表，确保学生的利益得到保护。辅导员还要关注学生在转介过程中的情绪变化，提供必要的心理支持，帮助学生适应新环境，克服可能出现的抵触情绪或不适应感。最后，辅导员需要将转介经验反馈到学校，以改进学校的心理健康服务体系和转介流程，确保未来能够更有效地响应学生的需求。通过这样的努力，辅导员不仅能够帮助当前的学生，还能够为建立一个更加完善的学生支持系统做出贡献。

心理咨询原则实训化要遵循以下原则。

（一）保密原则

这是最重要的一条原则。咨询人员应保守来访者的内心秘密，妥善保管来往信件、测试资料等材料。如因工作需要不得不引用咨询事例时，应对材料进行适当处理，不得公开来访者的真实姓名、单位或住址。基于这一原则，能够有效打消同学的顾虑，在咨询室中谈及的人和事，以及自己的看法、态度等都将被保密，有助于促进他们在一个绝对安全的地方尽情言说自己的所感所想。

辅导员在与学生交谈时，更应关注到这一原则。辅导员不同于心理咨询师，与学生在平时的工作和生活中会有许多交集，因此很容易出现多重身份，但当辅导员与学生交流心理问题时，要尽可能为学生保密，谈话也应尽可能选择在一个相对安静的环境中，旁边有其他人时不宜谈及过于隐私的问题。这对访谈中建立信任关系有重要作用。当然，如果谈论的问题涉及敏感内容，辅导员也应该及时启动学校的联动机制，多方协同处理。比如学生在访谈中明确谈及自杀和伤害他人的意愿和计划，要及时了解他们的具体计划，有没有准备相关工具等，之后将情况及时上报给学院和上级领导机关，及时联系家长，协同处理和解决。

（二）理解支持原则

辅导员对访谈学生的语言、行动和情绪等要充分理解，不得以道德的眼光批判对错，要帮助访谈学生分析原因并寻找出路，俗称为中立性原则，辅导员不是法官，不需要对于访谈同学所描述的事情表达自己的观点，在非结构化访谈过程中，既不能一味同情，也不能一味厌恶学生，我们需要将自己放在一个聆听者的位置，咨询中重要的不是辅导员的感受，而是学生的感受。所谓感同身受，是辅导员在当下要感受学生的感受，所以中立性在咨询中也非常重要。

要特别注意的是，辅导员平时与同学们接触较多，难免会产生一些浅表印象，但在访谈中要尽可能摒弃这些，将学生当成自己完全不了解的对象，让自己静下心来，去了解，去关注，去聆听。支持和理解不仅仅停留在语言上，很多时候也渗透在行为和表现当中。

（三）积极心态培养原则

　　辅导员的主要目的是帮助访谈学生分析问题的所在，培养访谈学生积极的心态，树立自信心，让学生的心理得到成长，自己找出解决问题的方法。

　　此原则表明，辅导员的工作目标是分析问题而不是解决问题，对于访谈学生而言，他们并非不知道问题的解决办法，只是核心问题是他们所回避的、不想看到的，所以与其在非结构化访谈中给学生提出各种解决方案，不如静下心，认真聆听学生无法言说的话语，跟随他一起接近层层包裹下的内心。当学生有勇气和信心去面对自己真实的内心时，许多问题已经迎刃而解。

　　这就如同辅导员经常遇到的问题学生，总是错过或回避英语四级考试，总是旷课、逃学，甚至在考研前期突然就情绪崩溃，放弃考试。这时他们往往会找到辅导员或学校咨询老师诉说心中的痛苦和矛盾。这时，如果我们蒙上耳朵，只是一味说教，告诉他们好好学习、一定要去参加考试，对他们来说才是灭顶之灾。难道他们不知道学业的重要性吗？难道他们不惋惜一年的考研备战吗？非也。事实是他们比谁都清楚其中的利害关系，只是有些东西突然挡住了他们前进的路，而这些东西，很可能就是深埋在他们内心深处的秘密。此时，如果我们选择打开耳朵，倾听了解他们最顾虑的、最害怕的是什么，并将这些话说出来，也许对于他们来说，才是一种真正的理解和支持。

（四）"来者不拒、去者不追"的原则

在非结构化访谈中，"来者不拒，拒者不追"原则是指对愿意分享的受访者积极接纳，对不愿交流的受访者不过分强求。每年心理测评之后，辅导员老师都会收到心理健康中心筛查得出的重点关注名单。面对如此庞大的群体，许多辅导员也会比较茫然，是应该挨个访谈，还是悄悄关注呢？其实两者是结合在一起的，辅导员老师出于工作原因，有很多与学生接触的机会，对于可能存在高危风险的学生，老师们大都已经掌握了情况。因此，对于心理普测反映出高危风险的学生，肯定要重点关注，特别是了解学生的心理动态，而访谈则是比较好的一种了解学生心理动态的方法。

访谈开始需要一个契机，可以从最近的学习生活开始，关心学生生活的情况，了解他们学习的压力，当学生感受到被理解时，会逐步卸下防备，愿意和老师交心。在此过程中，也可能存在部分学生对于访谈产生抵触心理，不愿和辅导员多谈，此时，辅导员老师就需要依靠前面谈到的一些常见心理问题的诊断和评估，对学生的状态进行简单的评估，如果学生目前状况比较稳定，只是不愿和辅导员老师多交流，可先重点观察，以不变应万变；如果评估出学生状态很差，可能目前具有较高的风险性，那此时，辅导员老师则应该利用转介技巧，将学生转介至学生心理健康教育中心或专科医院进行咨询和治疗。切忌不可在学生没有咨询意愿的情况下，步步紧逼追问，迫切了解学生的想法。

（五）感情限定的原则

在非结构化访谈中，感情限定原则是指辅导员要把控好自己与学生交流时的情感投入程度。这一原则对于常年和学生打交道的辅导员来说，无疑是巨大的挑战。咨询需要咨访关系双方的角色没有重叠，即辅导员无法为自己的亲戚、朋友提供心理咨询就是这个道理。这就要求辅导员老师在与学生访谈过程中，要尽量摒弃自己老师的身份，多听少说，尽可能在心灵上贴近学生，让自己像一个充满好奇的小孩一样去了解他，或是让自己像一个知心姐姐一样去理解他，切忌不是像一个长者一样去指导他、批评他。

（六）重大决定延期的原则

在非结构化访谈中，重大决定延期原则是指学生遇到重大问题时，辅导员不要求其立即做决定，而是深思熟虑后再行动。辅导员在工作中也会遇到一些比较情绪化的学生，由于感情问题就要退学，一次考试失败就坚持转专业的。面对这种情况，老师们不要着急，先静下心来和学生一起讨论分析原因，也不需要学生立刻就做决定，要给学生充分思考和平复情绪的时间，在访谈中尽量不去引导和要求学生，安心等待学生最终的决定。

（七）时间限定的原则

在非结构化访谈中，时间限定原则是指合理控制访谈时间，确保访谈高效进行。这就要求辅导员根据访谈目的和学生数量等因素，提前确定大致的访谈时间，比如简单了解学生近期学习情况可设定15～20分钟，讨论复杂的职业规划问题可安排30～40分钟。在非结构化访谈中，辅导员也应该注意时间限定的要求，一次访谈的时间不宜过长，有时候一不小心就谈了三四个小时，这容易导致咨访双方的界限感变弱，导致学生对辅导员老师过分移情。同时，也会导致老师过度自我消耗，身心俱疲。辅导员老师面对的不是一个学生，而是一个群体，如果每次与学生的访谈都过度消耗，那工作也将难以持续。

第五节　同意告知家长的谈话技巧

在与学生进行访谈的过程中，辅导员老师可能会遇到一个棘手的问题：学生出于各种原因，不愿意将自己的情况告知父母，但经过对学生的整体情况评估，发现学生存在较高风险性。面对这样的难题，如何打破沟通的壁垒，像攻破坚硬的岩石一样，打开学生的心扉呢？以下是一些实用的谈话技巧，希望能帮助辅导员在这种情况下更有效地与学生沟通。

一、言说拒绝告知家长的原因

在非结构化访谈中，辅导员首先要做的是营造一个让学生感到安全和被尊重的环境。这需要辅导员展现出真诚的关心和耐心，让学生知道他们的感受和想法是被重视的。学生不愿将自身情况告知家长，背后一定有很多顾虑，其中还可能暗含着创伤体验。当学生明确表示不愿告知家长时，切忌对学生说教，反复强调家长知情的重要性和必要性只会适得其反，其中道理他必然也明白，但无奈心中的枷锁太沉重。因此，耐心细致地询问缘由，让学生感受到辅导员老师的关心和关爱，才能真正找到问题的突破口。

刚开始，学生可能无法说出真正的理由，反而会抛出很多烟雾弹，比如反复重复自己就是不愿意告诉家长，但一提及原因就沉默。再或者，就是一直主观认定父母知道和不知道都是一样的结果，所以与其如此不如不说。不管是哪种情况，其中必然都包含着丰富的情感，也许是失望，也许是恐惧，再或许是渴望被看到却又担心自己变成累赘的矛盾心情。在面对这些丰富的情感时，给予耐心是最好的应对方式，不急于知道原因，给学生充分的时间去言说，帮助学生慢慢去理清自己的顾虑到底是什么。

这其实也是收集信息的重要环节，特别是在之后与家长的访谈中，目前了解的情况信息可能正是今后能够唤醒父母的良方。

二、在其倾诉过程中，身体参与对话

在学生倾诉的过程中，辅导员的身体语言起着至关重要的作用。真挚的目光、微微前倾的身体，理解后不自觉地点头都是身体对外传输的语言。辅导员的身体参与不是一种被动的倾听，而是一种积极的互动。辅导员可以通过身体语言来表达对学生情感的共鸣，比如在学生谈到伤心或困难的事情时，辅导员可以通过轻轻的点头或皱眉来表达同情。这种无声的交流可以让学生感到自己不是孤独的，有人理解和关心他们的感受。

案例

> **学生**：我爸妈只爱弟弟，他们根本就不关心我，从小我不仅要管好自己的学习，假期还要辅导弟弟学习，但是我弟从小受宠惯了，非常叛逆，也不爱学习，我弟学习不好我爸妈也要怪我，觉得是我没管好我弟弟。
>
> （在学生的抽泣中，辅导员轻拍学生的肩膀或给予一个拥抱。）

案例解析

> 案例中提及的父母的做法确实存在明显的重男轻女思想，但此时学生正沉浸在回忆痛苦创伤的情绪中，言语的安慰完全不足以平复这种创伤经历带来的痛苦和无奈，而直接评价父母的过失也是不妥的，后续会紧接着提到这个问题，因此这时候用行为表达的支持会更加有力。

三、不评价父母的做法，但可用语气表示惊讶

当话题涉及家长的行为时，辅导员应避免直接评价或指责，以免让学生感到被攻击或产生防御心理。然而，通过语

气和表情表达适当的惊讶，可以传达出对学生处境的同情和理解。辅导员可以用平和而略带惊讶的语气说："听到你的经历，我确实有些意外。这对你来说一定很不容易。"这样的回应既表达了对学生的关心，又避免了对家长行为的直接评价，有助于维护学生的自尊心和信任感。

在这个阶段，辅导员需要展现高度的同理心，即使他们可能对家长的行为有自己的看法。因为辅导员的目标是理解学生的感受，而不是评判家长的行为。这种中立的立场可以帮助学生感受到被支持，而不是被批评。

实战训练

学生：老师，你不要告诉我爸妈嘛，他们不知道我现在的情况，如果知道我有自杀的想法他们会觉得我很烦。

辅导员：他们会觉得你很烦？

学生：嗯，初中的时候我用刀划手臂被我妈发现了，她当时很惊讶，但后来就开始骂我，觉得我就是叛逆，故意去标新立异。

辅导员：妈妈好像没有察觉到你当时划手臂的真正原因。

学生：嗯，我特别怕她觉得我很烦，但是我当时心里是真的很痛苦才那样的。

辅导员：其实你是很爱妈妈的，你怕她会担心你。

> **学生**：嗯，妈妈平时真的很累，爸爸又不怎么管家里的事情，我现在又这样，要是妈妈知道了，她得多难过啊。

案例分析

> 谈话中，辅导员不对妈妈忽略学生自残的行为做评价，而是从学生的视角出发，共情她不仅没有因为这件事责怪妈妈，反而是心疼自己妈妈工作生活太劳累，所以没能及时关注到自己。

四、举例中国式家长的局限，肯定其委屈和愤怒

为了帮助学生更好地理解家长的行为，辅导员可以与学生一起探讨中国式家长存在的一些普遍局限。这些局限可能包括：过度保护可能限制孩子的独立性和探索世界的机会；高期望值可能给孩子带来巨大的压力，影响他们的自尊和自信；缺乏有效沟通可能导致沟通障碍和误解；价值观冲突可能导致冲突和不理解等。在探讨这些局限性时，辅导员需要肯定学生的感受，让他们知道自己感到委屈和愤怒是正常的。辅导员可以通过表达自己对这种情况的理解，来与学生建立情感共鸣，明确地确认学生的情绪，并提供支持，让学生知道他们不是孤单的。与此同时，通过深入讨论这些局限性，辅导员还可以帮助学生认识到，他们的委屈和愤怒在一定程度上是合理的，也是可以被理解和接受的。通过这样的讨论，学生可以更加客观地

看待家长的行为。

五、点明其内心仍保留对理想父母的期望

知晓了学生不愿告知父母的顾虑，以及顾虑背后暗含的情感后，辅导员老师可引导学生正视自己的内心——多年来对父母无声的期盼。大部分不愿告知父母的学生其实都是害怕自己得不到理解和关心，他们害怕父母知道情况后会觉得他们是无病呻吟，没事找事。难道他们不希望被自己父母"看到"吗？可能恰恰相反，他们太希望自己能被父母的"目光包裹"了，可也怕他们知情后依旧漠不关心，毫无改变，面对此情此景，内心的失望不言而喻。不管是何种顾虑，都表明学生心中对父母还是保留着期望。因此，在访谈过程中，辅导员应敏锐地捕捉到学生内心对理想父母的渴望和期待。通过肯定这种期待，可以帮助学生认识到，尽管现实中家长的行为可能不尽如人意，但他们内心深处对家庭和谐与理解的向往是积极的，也是值得尊重的。辅导员可以说："我注意到，你内心深处对家庭和谐与理解有着强烈的向往。这种期待是很正常的，也是推动我们成长的重要动力。我们可以一起探讨一下，如何通过有效的沟通和理解，让家庭变得更加和谐美好。"

六、老师的方法也许会打开父母看到她的大门

也许到了这个时刻，还是有学生不愿意告知家长，也许他心中积攒的失望和恐惧太多太多，促使他始终不愿意给家长和自己一次机会，这时辅导员应向学生明确传达一个积极的信号：通过专业的方法和策略，老师有能力帮助家长更好地理解

学生的内心世界和需求。辅导员可以分享一些成功的经验和策略，展示如何通过有效的沟通和介入，促进家庭成员之间的理解和和谐。例如："我过去曾经帮助过很多学生和家长建立起了更好的沟通桥梁。我们可以一起努力，通过倾听、理解和有效的沟通策略，让家长更加理解你、支持你。我相信通过我们的共同努力，你一定能够感受到家庭带来的温暖和支持。"这样的鼓励和支持有助于学生重拾信心，并愿意将自己的真实情况告知父母。

实战训练

（接上个案例）

辅导员：那妈妈更应该知道情况呀，给他们一个机会，让他们能够更了解你。

学生：没用的，说了也还是那样，他们一直都觉得我没有心理问题，就是我自己想太多了。

辅导员：爸爸妈妈对你的情况了解得并不全面，但是他们是你最亲近的人，他们是应该知晓这些的，如果你确实担心爸爸妈妈不能理解，能不能给老师一个机会，让老师给父母讲明情况，我相信他们会认真对待你目前的问题，你能相信老师吗？

学生：老师我相信你。

案例分析

学生正视自己对父母的情感后，如果还是无法踏出这一步，此时老师就需要主动站出来，表明立场和态度，同时给学生一些精神支持。

第十二章 辅导员非结构化访谈之家长篇

俄国教育家苏霍姆林斯基的名言提醒我们，家庭教育和学校教育是培养人才的两个不可或缺的轮子，缺少任何一个，教育的马车都无法平稳前行。在现代社会，对人的培养更是需要家庭、学校和社会三方面紧密合作。特别是在高校教育领域，与学生家长的沟通和获得家庭的支持显得尤为重要。随着高等职业教育改革的不断深入，高职院校的招生形式也呈现出多样化的趋势。除了传统的普通高考考生外，单招和技能高考的考生也逐渐成为高职院校的新鲜血液。这些学生可能在文化课成绩、学习习惯和自律性方面存在一些不足，这就需要辅导员在学生工作中发挥更加积极的作用。与学生家长保持良好的沟通，获得家长的支持与配合，是辅导员工作成功的关键。

在上一章节中，我们讨论了如何与学生进行有效的访谈。然而，除了与学生的沟通外，与家长的沟通同样不可或缺。家长作为学生的第一监护人，他们对学生情况的了解程度、态度以及是否能够接纳学生目前的状况，支持学生就医等，都是辅导员在沟通中需要深入了解和探讨的问题。这就要求辅导员在与家长的沟通中，展现出专业素养和人文关怀，通过真诚的对话建立起信任的桥梁。同时，辅导员需要了解家长对学生情况的知晓程度，他们的态度和反应，以及他们是否愿意为学生提供必要的支持和帮助。这些信息对于辅导员制订个性化的学生指导计划至关重要。此外，辅导员在与家长沟通时，不仅要传递学生在校的表现和进展，还要倾听家长的担忧和期望，共同探讨如何更好地支持学生的成长和发展。这种沟通不单是信息的单向传递，更是双方合作的起点，旨在为学生打造一个更加坚实的成长环境。因此，辅导员在与家长的沟通中扮演着至关重要的角色。通过有效的沟通，辅导员不仅能够帮助家长更好地理解学生的需求和挑战，还能够激发家长的参与热情，共同为学生的心理健康保驾护航。

第一节　家长抵触心理分析

　　美国社会教育学家威拉德·沃纳指出，理想情况下，家长和教师都共享着对孩子未来的愿景，他们都期望孩子能够朝着最有利的方向成长。然而，在现实中，他们之间往往存在着不信任和敌意，尽管他们都希望孩子能好，但对"好"的理解却各不相同，这导致了不可避免的冲突。基于此，高校辅导员与学生家长之间的沟通就显得尤为重要。由于需要面对来自不同地域、不同家庭背景、不同社会阶层的学生，辅导员日常工作中需要"一把钥匙开一把锁"，即使遇到相同的问题，也要为每个学生定制属于他本人的"解决方案"。家庭成长环境、特殊事件往往对学生的性格、处理事情方式有很深的映射。辅导员在帮助学生解决问题时，应深入了解学生家庭背景及成长经历对学生现实表现的影响，努力筹划最佳路径。当辅导员老师主动联系家长时，部分家长会出现抵触心理，不愿意面对孩子的现状，面对这种情况，许多辅导员往往会显得手足无措。为方便辅导员与家长的沟通，以下部分总结了家长在得知孩子存在心理问题后，出现抵触心理的常见诱因及应对方式。

一、客观原因

（一）平时沟通较少，联盟关系脆弱

从辅导员角度而言，由于平时工作任务重、事务繁杂，且所带学生较多，因此较难有精力与每位学生家长做定期沟通。且部分辅导员也没有认识到与家长沟通的重要性，只在当学生出现特殊情况，如生病、违纪等时才与家长沟通。前期没有与家长建立良好的关系，因而在沟通过程中容易引发矛盾。另外，许多学生进入大学后，急于摆脱父母的管教与束缚。他们自己不愿意与父母做过多沟通，也不愿意父母和老师直接联系。许多学生甚至不愿意提供家长的联系方式，也拒绝告诉父母自己辅导员的信息，这从客观上给双方的沟通带来了障碍。

·应对方式·

辅导员应与重点对象的家长经常沟通：首先是在学习方面，应与学习基础差、挂科多、休学或留级学生的家长保持定期联系，引导他们了解并树立重新融入集体和学习的信心；在学生生活方面，应与发生情感纠纷、存在异常言行等学生的

家长定期联系，引导他们了解并理性面对学生的挫折；在学生心理健康方面，应与发生心理波动、压力巨大等特殊学生的家长定期联系，引导学生家长认识到心理咨询以及心理疾病治疗的重要性。辅导员还应与贫困生、家庭变故、离异家庭及孤残家庭等学生的家长积极沟通，与家长一起给予学生更多的呵护和关心，引导他们以积极向上的心态面对生活。在沟通中，辅导员要以温和、耐心的态度开场，比如"您好，一直没怎么跟您深入交流，但今天想跟您好好聊聊孩子的情况"，以此缓解可能存在的紧张氛围。然后，清晰且有条理地阐述学生的心理问题现状，像"我发现孩子最近经常独自发呆，跟同学交流也很少，这种情况持续一段时间了"，并适当结合具体事例，让家长更直观地了解。接着，向家长传达同理心，如"我知道您可能比较忙，但孩子的心理状况很重要，我们一起努力帮助孩子"，让家长感受到辅导员是真心为孩子好。在沟通中，还可以提供一些可行的解决方法，像建议家长多花时间陪伴孩子、鼓励孩子参加集体活动等，最后，约定好定期沟通孩子心理状况的时间，以便共同关注孩子的心理健康。

（二）部分家长缺乏主动与辅导员沟通的意识

部分家长认为孩子上了大学，一切问题就应该由学校负责。很少主动和辅导员联系，了解孩子的在校情况。而且许多学生从小就是留守儿童，父母长期不在家，本身与父母也缺乏交流。而这些孩子的父母大多文化程度不高，不能关注到孩子的思想动态、内心想法等，也缺乏主动和老师沟通的意识。部分学生因为一直以来较为调皮，不愿听家长管教，以至于这些学生的家长将学生送往大学校园后，无暇也不愿过多操心孩子的事情，而全权寄托于学校来管理，对孩子的心理状况更是一无所知。

·应对方式·

辅导员首先要主动出击，定期通过电话、微信等方式与家长交流学生在学校的各方面表现，不仅仅是学习成绩，还包括社交互动、日常情绪状态等。例如，发现学生近期上课时常走神、与同学交流减少时，及时将这些细节告知家长，引起他们对孩子心理状况的关注。同时，在交流中着重向家长普及心理健康知识，讲述一些因心理问题被忽视而产生严重后果的真实案例，让家长深刻认识到孩子心理健康的重要性。可以组织心理健康主题家长会或亲子活动，精心设计互动环节，让家长和学生在活动中有机会深入交流彼此的内心感受，增进相互理解。当学生在心理干预过程中有了积极进展，如情绪变得稳定、学习态度好转等，应马上反馈给家长，使家长切实看到关注和处理孩子心理问题的积极成效，从而更愿意主动参与到对孩子心理问题的沟通与解决中来。此外，辅导员与不同文化背景的家长沟通时，应采用不同方式。如与受教育程度较高家长沟通时，可适当使用学生综合能力提升、职业规划等相对专业的词语；与受教育程度较低家长沟通时，要使用学知识、长本领、找工作等更易理解的词语。辅导员同时要考虑特殊家庭情感承受程度和接受时机，注意措辞，也可通过联系学生重要亲属侧面了解学生家庭情况。此外，面对学生出现重大心理问题时，辅导员应及时通知家长到校面谈以妥善解决问题。

（三）尺度把握不准，不能达到预期效果

辅导员在与家长沟通学生问题时，如果尺度把握不准，可能会过度渲染问题的严重性，导致家长产生恐慌和抵触心理。例如，将学生偶尔的情绪低落夸大为严重的心理障碍，会让家长难以接受。或者在指出学生问题时过于直接和生硬，没有考虑家长的感受和接受能力，比如指责家长对孩子关心不足，这可能会引发家长的反感和防御心理。此外，如果辅导员在沟通时没有提供足够的背景信息和具体事例支撑，家长可能会觉得结论过于主观，从而质疑沟通的有效性，产生抵触情绪，不愿配合后续工作。

·应对方式·

在与家长沟通学生问题时，辅导员需要采取更为细致和周到的方法来确保沟通的有效性。辅导员应该在沟通前做好充分的准备，这包括对学生的行为、情绪和学业表现有一个全面的了解，并收集具体的事例来支撑对学生情况的描述。这样，辅导员可以向家长提供准确的信息，而不是模糊或夸大的问题描述，从而避免引起家长不必要的恐慌。在沟通方式上，辅导员应该展现出同理心，尊重家长的感受，并且用一种合作的态度来讨论学生的问题。辅导员可以表达对家长日常忙碌生活的理解，并强调双方都是为了孩子的最佳利益而努力。通过这种方式，辅导员可以与家长建立起信任关系，使家长更愿意倾听和参与到解决问题的过程中。同时，辅导员需要在沟通中提供明确的支持策略和解决方案。这不仅包括学校可以提供的心理咨询服务，还包括家长在家中可以采取的具体行动，比如增加亲子活动，改善家庭沟通等。辅导员可以提供一些实用的建议，帮助家长了解如何在家庭环境中支持孩子，以及如何与学校合作，共同促进孩子的心理健康和学业进步。此外，辅导员还应该强调家校合作的重要性，鼓励家长参与到孩子的教育过程中，共同关注孩子的成长。通过定期的沟通和反馈，辅导员可以帮助家长了解孩子在学校的表现，同时也能够及时了解孩子在家中的情况，这样双方可以更有效地协同工作，为孩子提供一致的支持和指导。总之，辅导员在与家长沟通时，应该采取一种建设性、合作性的态度，提供准确的信息，展现同理心，并提供实际的支持策略。

二、主观原因

（一）担心归因与职责

家长担心被归责而出现抵触心理，主要源于社会大环境往往倾向于将孩子出现问题的根源归结到父母身上。他们在养育孩子过程中确实付出了真心，也尽力提供了较好的物质条件，内心觉得自己已经尽到了做父母的责任。当面对孩子的心理问题时，他们害怕外界包括学校等方面会认定是自己没教育好、没照顾好，进而背上"失职父母"的标签，这种愧疚、羞耻以及无力感交织在一起，使得他们本能地通过抵触承认孩子有心理问题来逃避可能面临的归责，用反问等方式试图为自己的教育方式"辩解"，维护自己作为父母的形象与尊严。

·应对方法·

首先，辅导员需要营造一个理解和包容的氛围。通过诚恳地表达对家长在孩子成长过程中付出的认可，适当减轻家长的心理压力。例如，辅导员可以说："我非常理解您在孩子成长中付出的心血，每个家庭都有自己的教育方式，孩子出现心理问题也不是某一方的责任。"这样的表达可以让家长感到被理解和尊重，从而缓和他们的防御心理。其次，辅导员要强调共同面对问题的重要性。通过引导家长将关注点放在解决问题上，而不是纠结于责任归属，辅导员可以淡化家长的归责意识。辅导员可以这样表达："现在关键是我们一起想办法帮助孩子改善心理状况，您和学校以及孩子都是这个过程中的重要力量。"这种方式鼓励家长积极参与到解决问题的行动中，而不是将问题视为对个人的指责。最后，分享相似案例也是一个有效的方法。辅导员可以适当分享一些其他家庭的案例，说明很多家庭都会遇到孩子心理方面的挑战，并非是父母单方面的过错。通过这些案例，家长可以了解到出现问题是正常的，重要的是一起面对。这样的分享有助于减轻家长的心理负担，让他们明白自己并不孤单，许多家庭都经历过类似的挑战，并且通过共同努力帮助孩子渡过了难关。

（二）恐惧孩子患心理疾病

许多家长对心理疾病存在认知局限与恐惧。在他们的观念中，心理疾病往往与"精神不正常""难以治愈"等负面印象相连。一旦得知孩子可能存在心理问题，他们就会不自觉地往严重的心理疾病方向联想，例如担心孩子患上抑郁症可能导致自杀倾向，焦虑症会严重影响孩子的学习与未来发展等。这种对未知且可能较为严重后果的恐惧，使他们拒绝承认孩子有心理问题，因为他们内心无法接受孩子可能面临这样的困境，宁愿相信这只是孩子一时的情绪波动或阶段性表现，而不是深层次的心理疾病，以此来逃避面对这种可怕的可能性。

·应对方法·

首先，辅导员可以在沟通中向家长科普一些心理疾病的相关知识，帮助家长认识到心理问题并不是不可治愈的，也不是家长的过错。这种知识科普有助于消除家长的误解和恐惧。其次，辅导员可以帮助家长调整自己的情绪，让他们认识到孩子的心理问题并不是他们的错，也不是不可逆转的。通过提供情绪支持和心理教育，辅导员可以帮助家长更好地理解孩子的状况，并鼓励他们积极参与到孩子的治疗和康复过程中。最后，鼓励家长寻求专业的心理咨询和治疗。专业的心理咨询师不仅可以为孩子提供心理辅导，还能为家长提供指导和支持，帮助他们更好地应对孩子的心理问题，减轻他们的负担和焦虑。

（三）担心被学校劝退或休学

家长在得知孩子出现心理问题后，可能会担心孩子被学校劝退或休学，这种担忧通常源于对未来的不确定性和恐惧，特别是在社会转型期，传统的价值观、就业模式、保障体系等都在发生急剧变化，使得人们对未来缺乏安全预期，对未知充满恐惧。家长可能担心孩子的心理问题会影响其学业和未来的就业前景。同时，社会对心理疾病的偏见和歧视也可能导致家长担心孩子被贴上标签，影响其社会形象和未来发展。此外，家长可能对学校如何处理心理问题学生的政策和程序不了解，担心学校会因为孩子的心理问题而采取劝退或休学的措施，以及担心孩子的问题会影响家庭的名誉。

·应对方法·

首先，辅导员需要主动向家长详细解读学校关于学生心理问题的相关政策与处理流程。这包括解释学校在什么情况下会考虑休学或劝退，强调这些措施是基于孩子身心健康和长远发展的综合考量，而非随意决定。辅导员要明确告知家长，对于大多数心理问题，学校会首先提供心理辅导、调整学习安排等支持措施，只有在极端严重且经过专业评估后才会考虑休学等手段。通过定期举办家长会或线上会议，专门讲解学校在学生心理健康方面的政策细节，并提供相关的书面文件供家长查阅，可以让家长清楚了解学校的立场，减少不必要的担忧。其次，辅导员应与家长共同商讨孩子在处理心理问题期间的学业保障计划。向家长说明学校会安排老师为孩子提供个性化的学习辅导，如线上课程资源共享、定期与任课老师沟通答疑等，确保孩子的学业不会因心理问题而过度荒废。分享一些以往学生在处理心理问题时，学校与家庭配合保障学业的成功经验，例如某个学生因心理困扰请假治疗期间，学校老师定期通过视频通话进行课业辅导，康复后顺利跟上学习进度的案例。这样的分享可以让家长放心，明白学校既关注孩子的心理健康，也重视学业发展，从而缓解他们对孩子被劝退或休学的恐惧，积极配合学校对孩子心理问题的处理工作。

（四）不了解心理疾病，归因于孩子自私且脆弱

　　许多家长缺乏对心理疾病专业知识的深入了解，他们往往依据传统观念和有限的生活经验来评判孩子的异常表现。在他们的认知里，孩子出现情绪低落、行为退缩等可能是心理问题的表现时，会简单地归结为孩子性格上的自私与脆弱。比如，看到孩子不愿与人分享自己的内心感受或者在面对挫折时容易哭泣、逃避，就认为孩子只是不够坚强、太自我中心，而没有意识到这些可能是心理疾病的潜在症状。这种错误归因一方面源于对心理疾病的无知，没有认识到心理疾病如同身体疾病一样，是由多种复杂因素导致的，并非孩子主观上的性格缺陷；另一方面，传统观念中对精神健康问题的偏见也使得家长更倾向于从道德或性格层面去解读孩子的异常行为，从而产生抵触心理，不愿意承认孩子可能患有心理疾病并需要专业帮助。

　　·应对方式·

　　首先，辅导员可以通过组织家长会、工作坊或提供阅读材料的方式，向家长普及心理健康知识，帮助他们理解孩子的行为和情绪变化可能由一系列复杂因素导致，而非单纯的自私或脆弱。这样的心理教育有助于家长更科学地看待孩子的心理状态变化。其次，辅导员应主动与家长沟通，解释学校在学生心理健康方面的政策和措施，包括如何识别和处理学生的心理问题，预防和减少学生的心理困扰和疾病。通过增强家校沟通，可以建立起学校和家庭之间的教育合力，帮助家长更好地

了解孩子的心理特点和规律，减少因家庭矛盾或教育方式不当造成的心理问题。同时，辅导员还可以引导家长带孩子寻求专业的心理咨询和治疗，如认知治疗、行为治疗及集体心理治疗等。学校同时提供相应的支持，比如心理测评、定期心理健康测评工作，以及建立针对每个学生的心理成长档案，确保干预措施的个性化和有效性。最后，在建立理解和同情方面，辅导员需要帮助家长认识到孩子的心理问题并非孩子个人的责任，而是可能涉及生物学、心理学和社会环境等多种因素。通过建立家长对孩子状况的理解和同情，可以减少家长的自责和对孩子的责备，从而促进家长更积极地参与到孩子的心理健康支持中。

案例

家长：他之前确实跟我提过自己心理好像出现了一些问题，而且总在我面前哭，我也安慰他，不要有这些压力，而且身边有这样压力的同学也很多，怎么他就想不明白呢？

辅导员：某某妈妈，孩子出现心理问题的原因是非常复杂的，并不仅仅是因为外在环境的压力，性格的敏感性、突发的冲击事件、生理机能的改变等等都可能会影响孩子的心理状态。而且他之前也跟我提到过，您平时工作非常辛苦，晚上经常加班，他也很心疼您，希望自己能够赶快找到工作，减轻您的经济压力，他一直很愧疚，觉得自己出现心理问题更加拖累了你。孩子心里真的特别爱您。

家长：还是我太不了解他了，我一直觉得他很自私，相较于其他孩子而言太脆弱了，同样的压力别人家孩子就能好好的，但是他……我现在知道了，其实他比我想象得还要坚强。

（五）没有认识到自杀的风险性

当家长得知孩子出现心理问题后，很多时候并没有深刻认识到其中潜在的自杀风险性。这背后存在着多方面的原因。首先，在知识层面上，大部分家长未曾深入系统地学习过心理健康相关知识，对于心理问题的发展脉络及可能产生的严重后果等都缺乏清晰的认知框架。同时，社会上长期存在着对自杀的误解和污名化现象，这使得家长在主观意识上更难以正视自杀风险与孩子心理问题之间的关联。并且，在日常生活中，家长往往容易忽略孩子情绪和行为上那些看似细微却可能极具警示性的变化。他们习惯于从孩子的性格角度去解读这些异常表现，例如简单地认为孩子情绪低落是因为性格自私，不愿与人分享内心感受，或者将孩子的行为退缩归结为性格脆弱，因而经不起挫折，而完全没有意识到这些可能是严重心理疾病的早期征兆，而严重心理疾病往往伴随着较高的自杀风险。其次，从家庭环境与教养方式来看，一些不良的家庭教养模式也在不知不觉中为孩子的心理危机埋下了伏笔。比如过度控制型的家长，他们对孩子的生活、学习等各个方面都进行严格把控，限制了孩子的自主性和自我表达，使得孩子长期处于压抑状态；还有忽视孩子情感需求的家长，对孩子的喜怒哀乐漠不关心，孩子在情感上得不到应有的回应和支持；以及那些经常拒绝孩子合理需求的家长，让孩子产生强烈的挫败感和被抛弃感。这些不良教养方式都极有可能导致孩子内心产生绝望情绪，进而滋生自杀意念，然而家长却对自身行为在孩子心理健康上造成的负面影响毫无察觉。此外，亲子之间的沟通状况也对家长能否及时发现自杀风险起着至关重要的作用。倘若家长平时不注重与孩子进行频繁深入的交流，与孩子之间的对话仅仅停留于表面的生活琐事，或者在沟通时未能营造出开放、包容、给予充分支持的良好氛围，孩子在遇到心理困扰时就很难主动向家长倾诉心声。如此一来，家长便无法及时了解孩子内心深处的挣扎与痛苦，自然也就难以发现孩子可能存在的自杀风险。更有甚者，部分家长在潜意识里害怕面对孩子可能出现自杀风险这一残酷现实，他们宁愿选择自我欺骗，否认这种可能性的存在；还有些家长则是因为面对这种复杂棘手的情况时感到茫然无措，不知道该从何处着手处理，于是干脆采取回避态度，对孩子的自杀风险视而不见，从而使得孩子在心理困境中越陷越深，危险也在悄然逼近。

·应对方式·

首先，辅导员可以通过提供心理健康教育来增强家长对心理问题和自杀风险的认识，包括自杀的预警信号和如何识别这些信号。其次，辅导员可以开展家庭干预机制建设，与家长合作改善家庭教养方式，提供亲子沟通技巧，帮助家长建立更积极、支持性的家庭环境。此外，增强家校沟通也是关键，辅导员可以定期与家长沟通，分享学生在学校的表现和情绪变化，鼓励家长关注孩子的心理状态。辅导员还可以提供专业支持，引导家长带孩子寻求专业的心理咨询和治疗，及时识别和干预自杀风险。最后，帮助家长建立一个支持网络，包括学校辅导员、心理健康专家和其他家长，以便在危机时提供帮助和支持。

（六）对治疗茫然

不同于身体疾病，绝大部分家长对于心理疾病了解甚少，对于如何帮助孩子摆脱疾病的困扰也手足无措。甚至部分家长会告诫孩子精神类药物对身体具有伤害性，要求孩子不听医嘱，随便停药，或让孩子隐瞒病情，坚持在校学习，这些都是非常危险的行为。还有少部分家长认为心理疾病不需要治疗，孩子通过调整心态可自愈，但实际上，许多心理疾病的出现都伴有器质性病变和躯体症状，比如，心因性疼痛、强迫行为、惊恐发作等都是心理问题诱发的，对于不了解心理疾病的家长而言，可能会忽视学生的心理问题而关注躯体问题，促使其始终无法达到较好的治疗效果，因而对治疗产生焦虑和迷茫。还有些家长由于对心理疾病的耻感很强，不愿相信和承认孩子表达出的内在痛楚，甚至认为只是孩子想得太多，极少数还可能表现出对孩子（或所患疾病）的厌恶，加重孩子的内在创伤。

·应对方式·

辅导员察觉到家长具有这样的心态时，应该和家长点明心理疾病和身体疾病都是需要得到及时治疗的，不应把心理疾病妖魔化，更不应该过分夸大药物的副作用，只有谨遵医嘱、及时治疗，孩子才有康复的可能。同时，也应该给家长一些信心，从目前医学角度来看，绝大部分心理疾病都是可以通过药物和心理咨询得到有效控制的，但前提需要积极配合治疗。对于一些完全不了解心理问题的家长，辅导员可以在交流中为家长科普一些心理疾病的表现和治疗途径，为了提升家长的信心，辅导员可以给家长举一些以往问题学生治愈的案例，以此促使家长认识到回避不会减轻病情，积极配合治疗才能有效治愈孩子。

第二节　非结构化沟通策略

辅导员非结构化访谈中的家长沟通策略对于了解学生的家庭背景、成长环境和亲子关系至关重要。这种沟通策略能够帮助辅导员深入挖掘影响学生心理、性格和学业的各种家庭因素，从而更精准地把握学生在家庭中的真实状态。通过有效的沟通，辅导员可以发现家庭氛围、家长的教育理念和方式等对学生发展的影响，预测学生可能在独立性和应对挫折方面存在的不足，并据此进行有针对性的引导和教育。此外，在非结构化访谈中运用恰当的家长沟通策略有助于辅导员洞察学生家庭环境中的潜在风险因素，如家庭矛盾或亲子关系紧张，以及这些因素可能会引发学生的心理危机或行为偏差。辅导员可以提前介入并与家长合作，共同制定预防和解决方案，确保学生的身心健康和校园的和谐稳定。

在辅导员与家长的沟通中，建立良好的关系是至关重要的。学校通过辅导员与家长的联系，旨在更全面和及时地掌握学生的情况，以便更有效地进行教育和管理。然而，并非所有家长都能立即意识到家校合作的重要性，有些可能会表现出冷漠或防御的态度。特别是大学生家长，他们可能过分信赖孩子的独立性，而忽视了与学校互动的价值。因此，辅导员需要调整自己的沟通策略，努力打破家校之间的隔阂，让家长明白家庭在学生成长过程中依然扮演着不可或缺的角色。在此过程中，辅导员应明确与家长沟通的核心目标是形成联盟，共同为学生的最佳利益努力。因此，辅导员在谈话过程中可以利用已有的学生信息，逐步打破家长的心理防线，使他们愿意与学校合作，共同应对和解决学生可能存在的心理问题。为促进同盟关系的建立，以下罗列了辅导员面对家长时可以运用的非结构化沟通策略。

一、抛砖——引导

辅导员在面对家长时的非结构化沟通策略中，倾听是至关重要的第一步。在与学生的访谈中，辅导员通过倾听来理解学生的感受和问题，在与家长沟通时也同样需要首先扮演倾听者的角色。家长可能会对孩子的行为和态度感到失望、委屈或愤怒，他们需要一个空间来表达这些情绪。辅导员在这时不需要急于安慰或辩解，而是默默地倾听，给予家长表达情感的机会。在倾听的过程中，辅导员可以逐渐了解到家长对孩子的期望和付出，这些信息可能与学生所说的有重合之处。记录下这些重合点，为后续的沟通打下基础。通过倾听，辅导员能够发现家长最难以理解孩子的行为或态度，这些往往也是孩子感觉自己不被理解和接受的地方。识别这些关键点，辅导员可以更有针对性的引导对话，帮助家长和学生之间建立更好的沟通和理解。

此外，辅导员需要认识到家长是自己的同盟军而非对手。在沟通中，辅导员应尊重家长，并用真诚来打动他们，从而获得家长的信任。这意味着辅导员在与家长的交流中不能带有个人感情色彩，应保持平等和真诚的态度。辅导员需要让家长感受到被尊重，感受到双方对于学生成长成才的共同目标。通过展现对每个学生未来发展的真诚关心，辅导员可以展现其人格魅力，使家长感受到辅导员是真心为了学生的将来考虑。这种建立在相互尊重和真诚基础上的沟通，能够让家长更愿意配合、协助和共同对学生进行管理和教育。

> **小贴士**：为了更有效率地把握学生的情况，辅导员老师与家长进行沟通时应重点了解以下几方面内容：家庭结构及家庭基本状况，具体包括家庭成员构成、家庭成员职业背景、家庭经济状况、家庭成员关系等；学生的成长经历，尤其是成长过程中经历的重大事件，具体包括学生的成长环境、成长过程中所遭遇的学业或人际

关系的重大挫折等；亲子关系，具体包括家长与孩子沟通的频率、沟通内容与状态等；既往病史，如慢性疾病病史等。此外，更需要辅导员真诚地去倾听，去理解其中的情感，对于家长提及不理解孩子的地方需要记在心里，这可能就是攻克堡垒的关键。

二、接纳——认同

辅导员在与家长沟通时首先要做到对家长情感的接纳。面对家长对孩子的失望、委屈和愤怒，辅导员应扮演一个倾听者的角色，而不是急于给出解决方案或安慰。这种倾听的态度能够让家长感到自己被理解和尊重，进而更愿意分享他们对孩子的期望和付出。通过倾听，辅导员能够深入了解家长的观点，找到家长和孩子叙述的共同之处，为进一步的沟通打下坚实的基础。而在家长坦诚表达自己的无奈和教育方式时，辅导员不应急于对家长的教育方法下结论，也不应急于反驳或进行道德评价。相反，辅导员应在交流中展现出换位思考的能力，努力与家长达成共识。在日常沟通中，辅导员应根据家长的言语来判断其想法，并据此调整自己的沟通策略，以便更有效地表达自己的观点，使家长更容易接受。例如，在家长倾诉之后，辅导员可以通过重复家长的话并以疑问句的形式来强化家长的感受，以此增强亲近感并降低家长的防御心理。重要的是要认识到，只有家长自己意识到问题并愿意改变时，真正的改变才有可能发生。单纯的说教不仅无效，甚至可能产生反效果。

三、化解——滋润

首先，辅导员要认真倾听家长的表达，通过倾听传达出尊重，这种尊重能够促使家长体验到被重视的感觉。在倾听中，辅导员应积极挖掘家长言语中的积极信息，引导对话朝向积极的方向展开。此外，真诚是沟通的基石，辅导员的反馈必须基于事实，避免主观臆断，同时要注意措辞，以免对学生或家长造成不必要的伤害。同时，辅导员应在适当时机，及时向家长反馈学生的积极表现，用具体事例来支持，这样可以缓解家长的疑虑，增强他们的信心。

在家长情绪宣泄时，辅导员要抓住机会，强调家长在孩子生活中的重要性，让家长意识到自己是孩子最重要的支持者。辅导员可以通过前期与学生的访谈中收集的信息，向家长展示孩子对他们的爱和依赖，这样的肯定可以给家长带来心灵上的支持，鼓励他们重新审视与孩子的关系。最终，辅导员要肯定家长的努力，认可他们培养了一个好孩子，这样的正面反馈可以激发家长的积极性，促使他们更主动地参与到孩子的教育和成长中。

案例

家长：孩子变成这样，谁也不愿看到，可是我能有什么办法？我也很难，自从跟他爸爸离婚后，就一直带着她，每天还要工作，她现在变成这样，我也不知道该怎么办了。

辅导员：我能感受到您是一位负责任的妈妈。

家长：可是她都已经自残成这样了，我都不知道。

辅导员：其实她也是因为爱你，怕你担心，才隐藏起了自己的痛苦。

家长：她以后可怎么办啊，我是真的没有想到她会有想死的念头，平时在我面前都是那么开朗的孩子，怎么会变成这样。

辅导员：您知道吗？其实您正是能够支撑她活下去的最后希望，她知道您为她付出了很多，她也怕离开这个世界后，留下您一个人太孤独了，其实她内心深处是非常爱您的。

家长：都怪我，我怎么都没有察觉到她的变化，她肯定也承受了很多痛苦。我真的太不称职了。

辅导员：她其实是一个孝顺且上进的孩子，您难道没有发现您其实培养了一个非常优秀的孩子？

家长：我……怎么之前就没有发现呢，她确实是一个好孩子。

案例分析

案例中，家长表现出对自己和学生的失望，她既自责自己的失职，又对学生目前的状况表现出无可奈何和不知所措，此时，辅导员应该利用语言给家长传递一些力量，肯定他们为家庭的付出与牺牲，同时否认家长对孩子的成见，孩子并非自私和不思进取才变成现在这样，从本质上讲，孩子内心是非常渴望改变的，唯有家长转变对孩子的审视视角，一切才会发生改变。

四、引玉——好奇

通过前面感情的烘托，家长对孩子的看法开始有一些改观，此时应及时抛出疑问：到底孩子为什么会变成这样呢？从而引起家长对孩子所表现出的不被理解行为的好奇，引发家长主动反思。在此过程中，家长可能会将自己好奇且想不通的地方告知辅导员，例如，我们小时候都是这么过来的，为什么我们就没有出现这种问题？或是别人家小孩生活的环境还不如他，而且他从小也是我们自己带大的，没有过留守经历，怎么抗压耐挫能力这么差呢？此时，辅导员再结合学生的访谈资料告诉家长，其实真正的真相并非是他所看到或者了解的。孩子叛逆和脆弱的背后可能是渴望被看见，渴望被爱，孩子拒绝的背后可能是太多的失望，这些也许都是家长曾经未曾察觉的。

案例

辅导员：孩子好像从小就比较怕您，他印象特别深刻的一件事就是您以前让他写不完作业就不能吃饭，超时还得挨手板。

　　家长：我这不都是为了他好吗，再说了，我们小时候不都是这样过来的，其实我真正打他的时候并不多，我只是告诉他要好好学习，不然长大了就是个废物，就是家庭的负担，也是社会的累赘。

　　辅导员：（惊叹）您平时是这样教育他的呀？

　　家长：对啊，古话都说黄金棍下出好人，我对他严厉一些也是为他好啊！

　　辅导员：您小时候也是这样的啊？

　　家长：是呀，那时候我们的父母也是这么教育我们的，而且那时候我们听到这些话就想着怎么努力读书，不知道他怎么会变成这样！老师您说这是什么原因嘛。

　　辅导员：您孩子是独生子女吧？

　　家长：对啊，我们生孩子那个年代基本上都是只有一个孩子。

　　辅导员：那您是独生子吗？

　　家长：我不是，我们家好几个孩子，有哥哥、姐姐和妹妹。

　　辅导员：哦，原来如此……您看出原因了吗？

　　家长：……哦，我明白了。家中几个孩子和只有一个孩子的教育方法是不一样的。

　　辅导员默默点头。

案例解析

　　案例中的家长在教育孩子时，还是沿用了老一辈的"棍棒"教育，并试图用激将法促进孩子学习，但却在无形中忽略了孩子生活的时代在改变。在多子女家庭中，大家可以通过手足之情去对抗父母的打压，兄弟姐妹之间可以相互鼓励和支持，但独生子女家庭的孩子却没有这样的支持，面对父母的打击式教育，他们只能采用一些原始的防御机制去被动应对，结果可想而知，孩子的自尊心和自信心受到严重打击，甚至产生自我怀疑。家长一开始并不理解孩子为何出现这样的表现，如果辅导员脱离实际情况分析，家长可能也无法理解其中缘由，因此，在解释的同时激发家长主动思考，也是非常重要的。

五、晓情——看山非山

　　其实在家长心里，孩子的失败也是自己的失败，但许多家长往往是抗拒承认失败的。因此，他们会表达出对孩子的失望，认为自己的教育没有问题，是孩子的适应能力和抗压能力太差了。这时辅导员可以利用前期收集的信息，对应孩子让其失望的例子，向其解释孩子行为背后的目的是对父母爱的呼唤。为其解释孩子种种行为背后的原因，以及自身所承受的痛苦，并且即使是这样，孩子还是有一颗想回报父母的心，孩子也一直想努力达到父母的期望，从而重新获得父母的爱，其实他们的初心是没有改变的，他们想要获得父母关注的需求也没有改变。

父母对孩子的积怨和失望更多是从自我立场出发得来的，但站在孩子的立场，他们未尝不想达到目标，获取父母的关注和肯定，但这些都是孩子想要的吗？孩子达到目标后就能够得到他们想要的"目光"吗？孩子也有很多的失望，他肯定也尝试过和努力过，但那一声声真挚的呼唤可能并未被看到。也许只有当他叛逆、脆弱、失败的时候，父母才能"看到"他。所以，他可能并非父母看到的样子，只是无助的他可能以为只有这样才能得到父母的爱。

六、动理——攻玉

家长在"看山非山"中开始理解逐步理解到孩子心中所承载的痛苦，此时，辅导员再向家长说明此类孩子的共性及内在的创伤，让家长意识到孩子的心理问题并非个例，减少家长对心理疾病的病耻感。随后，说明孩子的自我拯救和自我耗竭，最终向家长强调"看到"孩子需要的重要意义。也许目前家长的眼中还没有孩子的需要，只有自己的期待，但这只能让孩子在父母的需求中越陷越深。孩子并不是附属品，他是独立的个体，养育孩子的最终目的是学会放手，让孩子在羽翼丰满时可以活出自己的人生，而不是承载父母期望的客体，更不是父母发泄情绪的工具。

当家长意识到自己的需求已经完全超越孩子本身的需求时，可激励其重新审视自己和孩子。这个阶段是非常重要的，是家长思想能否被翘动的关键，在这个过程中，辅导员要注意言辞委婉，不可带有批判性的语言，以免诱发家长的抵触心理，同时立场要坚定，表达出我们同家长的目标是一致的，都是希望孩子能够向着更好的方向发展。如果家长能够接受这一点，那家校同盟关系至此就基本确立了。

七、柳暗——转机

当家长重新审视自己和孩子时，转机就出现了。此时辅导员向家长点明孩子为什么不愿与父母言说自己的痛苦，那是孩子心中的爱！因为有爱，孩子才怕家长知道后会担心自己；也是因为爱，孩子也怕家长知道后会有病耻感，从而对自己失望。孩子可能正承受着巨大的痛苦，可心中还是残存着对父母的爱和想要回报父母的责任。

同时，也点明孩子没有最后采取行动的原因是孩子对父母的希望。孩子不愿让父母承受自己离世的痛苦，同时也希望父母能够看到自己在心理疾病的折磨中苦苦地挣扎，最后说明孩子愿意将此事告知家长已经是最后的期望，孩子希望能够通过这样的方式让父母看到自己，看到自己的呼唤，孩子此时需要父母能够拉他一把，而不是再次推开他们。例如，新闻中经常报道某学生由于被父母批评后选择了自杀，大家除了惋惜，也会认为是孩子太过于脆弱，感慨现在做父母太难，对孩子不能说重话，更不能打骂，不然孩子就可能会走极端。现在我们转换一下视角，孩子一直生活在父母的忽视或者溺爱之下，他无法在生活学习上体验到达成目标带来的快乐，遇到麻烦时，父母不是打压自己没能力就是直接帮自己处理了，他们慢慢开始怀疑自己的能力，直至后面开始怀疑自己存在的意义。之后，他们开始尝试做各种各样的事情（叛逆、承认失败、自残）试图引起父母的关注，希望父母能体会到他现在的感受，但父母总是一如既往地忽视，甚至质疑孩子为何如此脆弱，如此不堪一击。孩子在这些质疑、贬低、痛苦中不断挣扎，直到最后，完全自我耗竭。其实父母正需要转换至这样的视角，他们应该相信孩子内在正经历着痛苦，相信孩子已经努力挣扎了很久，相信孩子真的希望得到父母的爱，因为他们也深深爱着父母。

> **小贴士**：辅导员老师可以用温柔缓慢的声音告诉家长：您要看到孩子的需求，孩子一直都在那里痴痴地看着您，只等您回眸的一瞬间，为了这一次的回眸，幼小的他已经倾尽了所有。

八、花明——结盟

当家长愿意敞开心扉与辅导员沟通时，标志着家校合作有了良好开端。然而，家长可能会对自己的角色和该如何与孩子相处感到迷茫，他们意识到过去的方法可能不再适用，但不确定如何改变。在这种情况下，辅导员的角色是提供指导和支持，帮助家长理解他们在孩子心理健康中的重要性，并与家长一起探索新的相处方式。在此过程中，辅导员还可以跟家长强调，尽管孩子可能在不断成长，但他们的基本需求和感受并未改变。家长需要调整的是与孩子沟通的方式和对孩子的态度，并非孩子本身；此外，与孩子相处时，家长能够区分自己的需要和孩子的需要，勿将自己的想法凌驾于孩子的需求之上，多去倾听孩子内在的声音，能够站在孩子的立场思考；对孩子要心存爱和感激，看到孩子身上的发光点，不要吝惜赞美之词，让学生在父母的滋养中重拾信心，构建起全新的认知。

通过这种结盟的方式，辅导员不仅能够帮助家长理解孩子的心理需求，还鼓励家长参与到孩子的教育过程中，成为孩子成长路上的积极支持者，以此重新建立与孩子的联系，以实现"看山还是山，看水还是水"。

后 记

　　随着社会的变革和学校生源结构的变化，学生自我意识也逐步觉醒，越来越多的学生开始关注自己的心理状况，与此同时，由于病耻感作祟，许多学生会选择隐瞒自己的状况，展现出阳光快乐的假象，实则内心已经崩塌溃烂。笔者希望此书能够为正在为处理师生关系、与家长关系忧心的辅导员老师提供一些帮助。希望老师们通过此书，透过学生的面具，感受到其内在最真实的感受，同时给予迷茫的家长一些鼓励和支持，让我们大家统一战线，共同应对大学生心理问题。

参考文献

何瑾，樊富珉. 2010. 团体辅导提高贫困大学生心理健康水平的效果研究——基于积极心理学的理论 ［J］.中国临床心理学杂志，18（3）：397–399+402.

赖文琴. 2000. 不同家庭结构类型高中生心理健康状况比较 ［J］. 健康心理学杂志（1）：42–43.

谭德琴，丁菀，宋省成，等. 2025. 代际间的暴力传递——父母虐待对儿童欺负行为的影响：基于潜变量增长模型的分析 ［J］. 心理发展与教育（3）：410–419.

叶绍灿，李永山，陈竹. 2014. 试论高校辅导员专业伦理构建的理论、原则与路径 ［J］.江淮论坛，24（4）：184–188.

张春泥. 2017. 当代中国青年父母离婚对子女发展的影响——基于CFPS 2010—2014的经验研究 ［J］. 中国青年研究（1）：5–16.

赵宏. 2014. 专业化进程中辅导员专业伦理状况调查分析 ［J］. 长春大学学报，24（4）：486–490.

卓潇，姚本先. 2013. 学校心理学研究伦理问题探析 ［J］.中小学心理健康教育（4）：4–6.

BECK AT. 1993. Cognitive therapy: past, present, and future [J]. Journal of Consulting and Clinical Psychology, 61 (2): 194.

BOWLBY J. 1979. The bowlby-ainsworth attachment theory [J]. Behavioral and Brain Sciences, 2 (4): 637–638.

BRONFENBRENNER U. 1977. Toward an experimental ecology of human development [J]. American Psychologist, 32 (7): 513–531.

CHEN SX, FEELEY TH. 2014. Gender differences in help-seeking and mental health service utilization among Canadian university students [J]. Canadian Journal of Counseling and Psychotherapy, 58 (1): 23–38.

DECETY J. 2010. The neurodevelopment of empathy in humans [J]. Developmental neuroscience, 32 (4): 257–267.

ELLIS A. 1962. Reason and Emotion in Psychotherapy [M]. New York: Stuart House.

LAZARUS RS. 1991. Progress on a cognitive-motivational-relational theory of emotion [J]. American Psychologist, 46 (8): 819.

NEFF KD. 2003. Self-compassion: an alternative conceptualization of some aspects of clinically significant self-criticism [J]. Journal of Clinical Psychology, 59 (3): 320–326.

PARKER G, BROTCHIE H. 2010. Gender differences in depression [J]. International Review of Psychiatry, 22 (5): 429–436.

ROGERS CR. 1957. The necessary and sufficient conditions of therapeutic personality change [J]. Journal of Consulting Psychology, 21 (2): 95–103.